乡村70载 振兴跨百年系列丛书

中国乡村振兴

——种植户畜禽粪便有机肥施用决策机制研究

李 杰 王玉斌 ◎ 著

中国农业大学出版社
China Agricultural University Press
·北京·

内容简介

本书是“乡村七十载　振兴跨百年系列丛书”之一。推进畜禽粪污资源化利用是实施乡村振兴战略的重要举措，畜禽粪便肥料化利用是畜禽粪污资源化利用的根本出路。本书以种植户畜禽粪便有机肥施用行为为基本研究视角，探究施用行为的深层次影响因素，厘清不同影响因素对其施用行为的作用路径和机理，明确施用行为引起的经济效应变动。为刻画畜禽粪便有机肥施用行为逻辑提供理论支持和经验证据；为政府和市场引导、促进畜禽粪便有机肥施用行为提供科学的决策分析依据和绩效评估借鉴。

图书在版编目（CIP）数据

中国乡村振兴．种植户畜禽粪便有机肥施用决策机制研究／李杰，王玉斌著．--北京：中国农业大学出版社，2023.7

（乡村七十载　振兴跨百年系列丛书）

ISBN 978-7-5655-2999-3

Ⅰ．①中…　Ⅱ．①李…②王…　Ⅲ．①农户－畜禽－粪便处理－有机肥料－合理施肥－研究－中国　Ⅳ．①F32

中国国家版本馆 CIP 数据核字(2023)第 112613 号

书　　名　中国乡村振兴
——种植户畜禽粪便有机肥施用决策机制研究
ZHONGGUO XIANGCUN ZHENXING
——ZHONGZHIHU CHUQIN FENBIAN YOUJIFEI SHIYONG JUECE JIZHI YANJIU

作　　者　李　杰　王玉斌　著

策划编辑　童　云　张　玉　　**责任编辑**　何志勇
封面设计　李尘工作室
出版发行　中国农业大学出版社
社　　址　北京市海淀区圆明园西路 2 号　　**邮政编码**　100193
电　　话　发行部 010-62733489，1190　　读者服务部 010-62732336
编辑部 010-62732617，2618　　出　版　部 010-62733440
网　　址　http://www.caupress.cn　　**E-mail**　cbsszs @ cau.edu.cn
经　　销　新华书店
印　　刷　北京鑫丰华彩印有限公司
版　　次　2023 年 8 月第 1 版　　2023 年 8 月第 1 次印刷
规　　格　170 mm×240 mm　　16 开本　　13 印张　　205 千字
定　　价　40.00 元

丛书编审指导委员会

出版说明

“乡村七十载　振兴跨百年系列丛书”立足新中国成立 70 周年、中国共产党成立 100 周年、决胜全面建成小康社会冲刺之年和“两个一百年”关键历史交汇期，紧扣乡村振兴战略这一新时代“三农”工作总抓手，围绕产业兴旺、生态宜居、乡风文明、治理有效、生活富裕等方向，组织专家学者参与到本系列图书的创作与出版工作中来。

本系列丛书主要汇集有关学者从决胜脱贫攻坚到实施乡村振兴战略这一伟大时期，其服务“三农”、开展乡村振兴研究和实践的回顾与总结，更有对未来一段时期中国乡村振兴的思考和探究。

这套丛书的选题策划与出版缘起于中国农业大学经济管理学院王玉斌教授的激情提议，也正好契合中国农业大学出版社服务“三农”的办社宗旨。为此，中国农业大学出版社组织实力编辑团队与王玉斌教授共同组织作者团队编写“乡村七十载　振兴跨百年系列丛书”，体现“三农”学者的所思、所想及所悟，体现了出版者对“三农”的深厚情怀与责任担当。

除了王玉斌教授之外，还有中国农业大学原校长柯炳生教授、北京工商大学原校长谭向勇教授、全国畜牧总站党委书记时建忠研究员、中国农业电影电视中心时任党委书记兼主任刘天金先生、中国畜牧业协会会长李希荣先生、中国农业大学原副校长傅泽田教授、中国农业大学经济管理学院院长司伟教授等多年来带领团队积极投身于我国乡村振兴研究、深入农业农村实践的学术界领导者。同时，也汇聚了北京东方畅想建筑设计有限公司张德林董事长、中国畜牧业协会刘强德副秘书长、中国畜牧业协会驴业分会赵飞副会长、中国畜牧业协会驴业分会王春洪秘书长、北京工商大学李乾老师以及中国农业大学赵培芳博士、李杰博士、鹿傲飞博士等近百位深耕“三农”实践、全力践行乡村振兴战略的实战派研究人员。

我们计划用3～5年甚至更长一段时间，以丛书形式出版多部有关乡村振兴方面的论著，打造一批高水平出版物，力求做到选题的针对性、作者的专业性、内容的科学性、案例的可借鉴性。希望本系列书的出版能为我国的“三农”事业和乡村振兴战略的实施做出应有的贡献。

中国农业大学出版社

2021年春

序　言

民为国基，谷为民命；粮足百姓安，粮稳天下稳。粮食对于人类的重要性不言而喻。而肥料是粮食的“粮食”，先人就有“粪壤者，所以变薄地为良田，化硗土为肥土也”之说，肥料对于粮食的重要性亦是不言而喻。在 20 世纪“以粮为纲”的 70—80 年代，由于化肥产量不能满足粮食等农产品生产需求，畜禽粪便就成了粮食等作物的当家肥料，后来随着化肥等农化产品产量增加，施用便利性和有效性提升，逐步取代了畜禽粪便等传统有机肥料。多年来，我国粮食等农产品供给确实得到了有效保障，但化肥等农化产品过量施用对环境生态以及耕地土壤等带来的损害，也是与日俱增。同时，农村每年产生的几十亿吨畜禽粪便等废弃物未得到应有处理和利用，成了废弃物甚至污染物。随着经济的繁荣和社会的进步，人们的生态环境保护意识和食品营养健康观念越来越强，畜禽粪便经处理以后作为减量替代化肥的低污染、高品质投入品被提上重要议事议程。可以说，我国畜禽粪便肥料化处理利用的演变历程折射了不同历史时期农业发展与环境之间的关系。

进入新时期，坚持绿色高质量发展理念，走质量兴农、品牌强农之路被党中央、国务院确立为农业农村高质量发展的方向。农业绿色发展是推进乡村生态振兴的根本之策，而推进畜禽粪便有机肥施用可以有效改善畜禽废弃物污染严重的现状，并且在发展绿色农产品、保障粮食等重要农产品供给安全等方面发挥着关键作用，是全面推进“五位一体”乡村振兴中生态振兴的有力支撑。

随着“一控两减三基本”目标任务的提出，我国农业面源污染加剧的趋势逐步得到遏制，但化肥施用量仍然偏大，畜禽粪便资源化利用率总体还不够高，肥料化利用的“最后一公里”还面临着诸多问题和挑战。从源头看，种植户利用畜禽粪便作为有机肥的积极性还有待提升；从成效看，国家出台的一系列相关政策举措还有待进一步落实到位；从根本利益看，种植户利用畜禽粪便的效率效益还有待进一步得到保障。解决上述问题，对于破解畜禽粪便还田“最后一公里”，制定实施切实有效且具有可持续性的举措，建立“解渴”管用的长效驱动激励机制具有重要意义。

本书的研究提供了解决上述三个问题的方案借鉴。本书围绕种植户施用畜禽粪便有机肥行为，基于“行为约束——行为驱动——行为经济效应”逻辑，采用种植户微观调研数据，从构建理论分析框架和进行实践环境讨论开始，深入研究种植户畜禽粪便有机肥施用决策机制，系统探究畜禽粪便有机肥施用行为的深层影响因素及其对个体行为的作用机理和路径选择，为精准刻画畜禽粪便有机肥施用行为逻辑提供了理论支持和经验证据，为政府制定相关举措和长效机制提供了科学依据。本书作为中国农业大学王玉斌教授团队深耕相关领域研究成果的阶段性凝练和升华，对于深入推进畜禽粪便肥料化利用，促进农业绿色、高质量发展具有很好的借鉴价值。

近几年来，王玉斌教授团队聚焦农业绿色高质量发展，发表了一系列具有代表性的学术成果，撰写过多项相关政策咨询报告。《中国乡村振兴——种植户畜禽粪便有机肥施用决策机制研究》是王玉斌教授团队与中国农业大学出版社精心策划的“乡村七十载　振兴跨百年系列丛书”的第七部著作，也是该丛书继《中国乡村振兴——肉牛养殖场（户）废弃物资源化利用行为及政府规制研究》之后，关于“资源化利用”主题的第二部力作，相关调研及撰写工作得到了国家社会科学基金“肉牛养殖废弃物资源化利用模式选择、利益分配与政策设计研究”项目等的支持。

期待王玉斌教授团队未来继续分享更多“三农”理论及实践成果，为坚持农业绿色、高质量、可持续发展道路，建设生态宜居、美丽温馨、城乡融合的美好家园提供技术支持和理论支撑，为乡村振兴作出新的贡献。

十三届全国人大农业与农村委员会副主任委员

2023 年 6 月 16 日

前　言

化肥过量施用、有机肥投入量不足加剧了土壤营养失衡和基础肥力下降；畜禽粪便资源量庞大但利用不足，造成有机质资源堆积浪费和环境污染。畜禽粪便还田利用成为推进资源合理利用的现实需要。引导种植户施用畜禽粪便有机肥成为政府和学术界关注的重要议题。为了有效促进种植户畜禽粪便有机肥施用行为，首先要厘清三个问题：当前种植户为什么不愿意施用畜禽粪便有机肥？现有的相关外部激励措施如何影响种植户畜禽粪便有机肥施用行为？畜禽粪便有机肥的施用对种植户的生产成本收益有什么样的影响？基于上述问题的回答对于破解畜禽粪便还田“最后一公里”问题，制定切实有效且具有可持续性的长效驱动激励机制具有重要意义。

本书围绕种植户畜禽粪便有机肥施用行为，以“行为约束—行为驱动—行为经济效应”的逻辑展开深入研究。基于理论分析框架与现实环境基础，利用种植户实地调研数据进行实证检验：①明晰种植户畜禽粪便有机肥施用行为的现实约束。运用多元回归模型讨论了种植户资本禀赋、劳动力禀赋、风险规避态度约束对其畜禽粪便有机肥施用技术选择的影响。②厘清种植户畜禽粪便有机肥施用行为的驱动机制。运用多元回归模型、倾向得分匹配法、中介效应模型等探究了外部激励措施对种植户畜禽粪便有机肥施用行为的影响效果及作用路径。③掌握种植户畜禽粪便有机肥施用行为的经济效应。运用联立方程模型（包括单一方程估计法和系统估计法 SUR、3SLS）分析了种植户施用畜禽粪便有机肥的成本收益变动情况。同时，本书研究关注异质性视角，选取经济作物—苹果种植户和大田作物—玉米种植户进行同时讨论，并且将畜禽粪便有机肥分为粪肥和商品有机肥两种主要类型进行具体分析。得到的主要结论如下：

（1）种植户自身禀赋特点与畜禽粪便有机肥施用技术属性的非对称性和偏差是导致其不愿意施用畜禽粪便有机肥料的根本原因，同时也是导致不同类型种植户对不同畜禽粪便肥料选择偏好不一的根本原因。具体表现为：种植户资本禀赋约束对其选择带有节资属性的肥料技术具有显著的影响，种植户劳动力禀赋充裕对其选择带有增劳属性的肥料技术具有显著影响，种植户风险规避态度对其选择具有产出不确定性特征的肥料技术有显著影响。

（2）外部激励措施（商品有机肥购置补贴、田间肥料技术培训、肥料施用服务）对种植户畜禽粪便有机肥施用行为具有显著促进作用，且该促进作用不存在明显的自选择偏误；种植户禀赋特征在外部激励和种植户畜禽粪便有机肥施用行为之间发挥调节作用，禀赋约束越强的种植户，外部激励对其行为的促进作用越显著；种植户畜禽粪便有机肥施用感知在外部激励和畜禽粪便有机肥施用行为之间发挥中介作用，且肥料施用感知的中介效应作用在苹果种植户群体中更加明显，同时，商品有机肥购置补贴可以通过增加苹果种植户商品有机肥料的可得性感知来促进其持续施用行为。

（3）种植户肥料（化肥、粪肥、商品有机肥）投入成本之间存在互动关系，苹果种植户施用粪肥与化肥投入成本之间为互补关系，商品有机肥与粪肥投入成本之间为替代关系，说明苹果种植户肥料施用决策基础为肥料效果；玉米种植户商品有机肥与化肥投入成本之间具有替代关系，说明玉米种植户肥料施用决策基础为肥料资金投入；种植户畜禽粪便有机肥的投入显著增加其总生产成本投入，其中粪肥投入的增本效应更为明显；商品有机肥投入成本增加可以通过提质优价来间接提高苹果销售收益，而畜禽粪便有机肥的投入增加并不能带给玉米种植户短期显著的增产增收；作物销售价格对作物销售收入均具有显著促进作用，土壤肥力对作物产量具有显著提升影响，预期销售收入对苹果种植户畜禽粪便有机肥投入具有正向显著影响。

基于以上结论，为了进一步推进资源合理利用，破解畜禽粪便还田“最后一公里”问题，制定切实有效且具有可持续性的长效驱动激励机制，有效引导、促进种植户施用畜禽粪便有机肥，作者提出以下政策建议：①优化区域农业产业布局，构建种养结合生产、经营、产业体系；②培育壮大第三方服务组织，释放种植户禀赋约束；③加快有机肥管理体系建设，充分发挥政府监管保障作用；④聚焦关键环节与重点主体，有效发挥补贴资金的撬动作用；⑤促进农机农艺相结合，全方位提高畜禽粪便有机肥施用效率等对策建议。

本书是李杰博士、王玉斌教授在国家社会科学基金项目“肉牛养殖废弃物资源化利用模式选择、利益分配与政策设计研究”资助下完成的。本书作为“乡村七十载　振兴跨百年系列丛书”研究成果之一，希望对相关学术研究、业界实践及政策制定等有所裨益。

时间水平所限，书中错漏之处难免，恳请各界朋友不吝指正。

作　者
2022 年 12 月

目　录

第一章

导 论

引言：推进畜禽粪污资源化利用是实施乡村振兴战略的重要举措，畜禽粪便肥料化利用是畜禽粪污资源化利用的根本出路。近年来，畜禽粪便有机肥施用引导政策陆续出台，但不可否认的是，当前农户畜禽粪便有机肥施用积极性仍旧较低，有机肥投入量仍有较大的提升空间。为了让引导政策更好地促进种植户畜禽粪便有机肥施用，本书聚焦3个重点研究问题：一是当前种植户为什么不施用畜禽粪便有机肥？二是当前引导政策是否有效提高种植户畜禽粪便有机肥的施用积极性？三是种植户施用畜禽粪便有机肥会引起怎样的成本收益变动？基于以上问题，本章提出研究背景、研究意义、研究目标、研究内容以及研究方法，为后续研究奠定基础。

第一节 研究背景与意义

一、研究背景

农田化肥施用过量，引导增施有机肥迫在眉睫。农田施肥是保持土壤肥力和增加作物产量的必要措施（Weight D，1998；Smaling E M A，1999；Smil V，2001）。目前我国每年化肥施用总量约为 6 000 万吨——全球 1/3 的农用化学品消耗在 9%的耕地上，单位面积施用量远超全球平均水平（吴意云等，2018）；有机肥投入量呈迅速下降的趋势，据全国农技推广网资料显示，我国有机肥料施用量占比从新中国成立初期的 99.9%下降至 20 世纪 90 年代的 37.4%，2015 年已跌至 30%左右。化肥过量施用、有机肥投入量不足加剧了土壤营养失衡和基础肥力下降，对农业和农村经济的可持续发展形成了严重的威胁。因此，如何采取有效措施引导农户增施有机肥成为学术界持续关注的热点之一（Han H Y，2009；蔡荣，2010；刘梅等，2010；杨泳冰等，2012；王志刚，2015；肖阳，2017；耿飙等，2018；刘莉，2020）。

畜禽养殖污染加大，畜禽粪便有机肥施用成为治理关键。现代农业的迅速发展在助力国家经济腾飞的同时，也加剧了环境污染。畜禽养殖污染是我国农业面源污染的主要来源，严重制约养殖业健康可持续发展，其资源化利用是从根本上治理养殖污染的重要途径，其中肥料化还田利用是目前最主要的应用手段（仇焕广等，2012；张郁等，2015；孟祥海等，2018），是种养业互存互利关系的重要桥梁。种植户作为肥料施用决策制定者，其畜禽粪便有机肥料施用行为对于缓解养殖污染、推进种养结合、实现农业可持续发展具有至关重要的意义。因此，如何引导种植户施用畜禽粪便有机肥成为实现养殖废弃物肥料化、缓解养殖废弃物污染的关键环节（舒畅，2016）。

畜禽粪便有机肥施用引导政策陆续出台，但缺乏系统的长效驱动机制。近年来，农业农村部、财政部、科技部等多部委联合出台了多项相关激励政策支持增施畜禽粪便有机肥。大多数政策都在技术方面进行引导鼓励，然而在推广过程中，受到认知差异、个体资源禀赋、区域环境等诸多因素的影响，单纯的技术引导不能有效缓解种植户施用畜禽粪便有机肥的实际约束，无法调动种植户畜禽粪便有机肥的施用积极性。目前，虽然大田作物在畜禽粪便有机肥应用方面拥有更大规模的潜力，但相关畜禽粪便有机肥施用激励政策的主体对象为经济作物种植户，对大田作物种植户畜禽粪便有机肥的施用积极性调动不够，使得畜禽粪便肥料化利用潜力无法得到有效发挥。总之，粪肥还田“最后一公里”问题仍待解决，迫切需要寻找一套行之有效且具有可持续性的长效驱动激励机制。

有效促进种植户畜禽粪便有机肥施用行为的根本在于明确其施用行为决策机制。对其施用行为决策机制的讨论，需要明晰种植户畜禽粪便有机肥施用行为约束，也就是要从根本上理解种植户没有采纳该行为的原因，厘清外部激励措施对种植户畜禽粪便有机肥施用行为驱动机理，也就是要深究能够促进种植户采纳该行为的关键因素及其影响路径。同时，要掌握种植户畜禽粪便有机肥施用行为的经济效应，也就是了解种植户采纳该行为后的成本收益变动情况。在农业绿色发展的背景下，立足于种植户微观数据、聚焦种植户异质性视角对其畜禽粪便有机肥施用行为决策机制的深入探讨对推动农业供给侧改革、全面推进乡村振兴具有重要意义。

二、研究意义

2017年，农业农村部发布《开展果菜茶有机肥替代化肥行动方案》，实施有机肥替代化肥，推进资源循环利用；2017年，农业农村部印发《畜禽粪污资源化利用行动方案（2017—2020年）》，提出构建种养循环发展机制，发展目标为到2020年全国畜禽粪污综合利用率达到75%以上；2021年，农业农村部联合五部委印发《“十四五”全国农业绿色发展规划》，要求主要农作物化肥利用率从2020年的40.2%提高到2025年的43%，推动粪肥还田利用，减少化肥用量，在更大范围推进有机肥替代化肥；2022年，生态环境部、农业农村部、住房和城乡建设部、水利部、国家乡村振兴局联合印发《农业农村污染治理攻坚战行动方案（2021—2025年）》，再次明确发展目标：推进化肥农药使用量持续减少，主要农作物化肥、农药利用率均达到43%，畜禽粪污综合利用率达到80%以上。因此，在化肥施用过量、畜禽粪便排放污染严重的背景下，在有机肥替代化肥施用、畜禽粪便资源化利用的行动要求下，讨论种植户畜禽粪便有机肥施用决策机制对实现化肥减量目标、提高畜禽粪污资源化利用率、缓解农业环境污染问题、实现农业“节本、提质、增效”目标具有重要理论和现实意义。

具体体现在以下3个方面：

第一，微观实践中，种植户表现出差异化的畜禽粪便有机肥施用行为。明晰种植户畜禽粪便有机肥施用行为的决策逻辑，挖掘其肥料技术选择偏向的根本原因，可以揭示种植户畜禽粪便有机肥施用约束，准确把握进一步释放其行为约束的关键因素，为政府政策制定提供着力点依据。

第二，技术推广中，不同激励措施对种植户畜禽粪便施用行为的驱动效果不尽相同。厘清外部激励措施对种植户畜禽粪便有机肥施用行为的驱动机制，为探索如何提高种植户采纳畜禽粪便有机肥施用技术的行为主动性，如何通过外部激励使种植户形成施用畜禽粪便有机肥的内生长效机制提供理论与实践依据。

第三，实际应用中，不同类型种植户施用畜禽粪便有机肥产生的经济效应具有明显差异。掌握种植户畜禽粪便有机肥施用行为的成本收益变动，有利于构建种植户畜禽粪便有机肥施用的经济驱动机理。为进一步推进种植户畜禽粪便施用行为提供理论支撑和政策依据，有助于提高政府政策制定和实施的精准性。

第二节 国内外相关研究综述

一、关于农户技术采纳的研究

农户技术选择直接影响农业科技贡献程度和农户收入水平，是农业生产经营的关键环节。已有大量文献基于不同角度、不同层面，采用各种前沿分析方法，全面地考察农户技术选择的决策过程及影响因素，取得了丰硕的成果。种植户畜禽粪便有机肥施用行为实质是一种农户技术采纳行为，也就是种植户对畜禽粪便有机肥技术的采纳行为。因此，本节首先从总体上对农户技术采纳行为进行文献回顾与梳理，以期从更大视角上掌握种植户畜禽粪便有机肥施用行为的行为内涵及行为逻辑。

（一）农户技术采纳的理性决策研究

基于农户行为决策的大部分研究认为，农户是理性经济人，农户技术采纳决策是理性并且遵循利润最大化原则（韩军辉和李艳军，2005；周洁红，2006；许朗和刘金金，2013）。也有学者发现，并不是所有的农户行为都是理性的，例如：在大众认知视角中，秸秆焚烧是不理性的行为，但仍有为数不少的农户在比较处置成本与收益后做出的选择结果是进行秸秆焚烧（王舒娟和蔡荣，2014），基于不同视角，相同的农户行为存在不同界定结果。也就是说，农户行为是有限理性的，即在受限的信息环境下，因农户自身禀赋条件、所处自然及社会环境的差异，使农户做出了看似“非理性”，但对其本身而言是最优策略的选择（陈姗姗等，2012；毛南赵等，2018）。基于此，学者们逐渐开始关注影响农户技术采纳行为中除经济因素以外的其他可能因素，风险规避态度、社会人际网络、主观规范、政策环境等因素受到广泛关注（黄祖辉等，2016；Wang 等，2018；罗岚等，2021；马千惠等，2022）。农户技术采纳行为的研究也由原来的经济理性发展到有限理性、生存理性，其关注的对象和范围也在不断扩展。

（二）农户技术采纳的影响因素研究

农户技术采纳行为的影响因素研究最受学者关注，是否采用新的农业技术，主要依赖 4 方面因素：作物产量提高、生产投入降低、新技术投入所引起的可变动成本增加以及固定成本的增加（孔祥智，2004），即新技术的采纳决策取决于新技术与原技术之间的成本收益变动比较（杨增旭，2011）。

农户新技术采纳的主要影响因素包括农户自身禀赋特征、技术综合环境、技术信息获取能力等。其中，农户自身禀赋特征主要包括农户家庭农业生产经营主要决策者的年龄、性别、健康状况、受教育程度，生产规模、家庭收入、兼业情况等（Wozniak G D.，1993；林毅夫，2005；孔祥智，2004；王志刚等，2007；刘乐等，2017；杨志海，2018；王思琪等，2018；赵丹丹等，

2020；岳梦等，2021；李亚娟和马骥，2021；汪熙琮等，2022）；技术综合环境特征主要围绕政策环境、市场环境及自然地理环境等展开，政策环境主要包括技术培训（Jacquet 等，2011；Kassie 等，2013；应瑞瑶和朱勇，2015；佟大建等，2018）、政府补贴与规制（Skevas 等，2012；程杰贤和郑少锋，2018；Omotilewa 等，2019），市场环境主要包括农产品市场和生产要素市场（王常伟和顾海英，2013；黄炎忠和罗小锋，2018）；技术信息获取能力主要包括信息获取（叶孙红等，2019）、信息传递（陈欢等，2017）和信息能力（王绪龙和周静，2016），农户自身的技术信息获取能力会显著改善其要素配置能力，进而影响其农业技术采纳决策（高杨和牛子恒，2019）。

基于农户技术采纳影响因素的广泛研究对构建农户技术采纳行为逻辑框架提供了充足基础，同时也为提高农业技术推广效率、推动农业可持续发展提供了诸多建设性意见。随着时代的发展，农业技术也在不断更迭进步，动态化地与时代主题要求相吻合，从一开始的增产增收作用属性不断向资源节约、环境友好型作用属性发展（罗小娟等，2013；吴雪莲等，2016；Adnan 等，2017；徐志刚等，2018；余威震等，2019；李福夺等，2020；万凌霄和蔡海龙，2021）。

（三）农户技术采纳的效应研究

农业技术的推广和应用，目的在于通过技术革新，改善生产方式、提高生产效率，达到增产增效和保护环境的双赢，目前国内外学者在这方面进行了大量的探讨，取得比较丰富的研究成果（Huang 等，1996；李谷成等，2009；张瑞娟和高鸣，2018）。农业技术采纳对农业生产技术效率的影响并非单纯的线性关系，而是随着技术水平的提高而呈现出“倒 U 形”特点（Brümme 等，2006；蔡荣和蔡书凯，2012；李厚建和张宗益，2013；李卫等，2017），当然，农业技术采纳对提高作物产量、增加农户家庭收入积极影响是不容置疑的（陈玉萍，2010；黄腾等，2018；陈梅英，2021；陶源，2021）。但有关绿色农业生产技术采纳的效益研究，学术界还未达成一致的结论，从提升环境效益和社会效益角度来看，绿色农业生产技术对其的促进作用毋庸置疑，但从经济效益角度看，部分学者认为绿色农业技术采纳可以显著提高农户经济效益（Mendola M，2007；黄腾等，2018），也有学者认为绿色农业技术采纳因其投入成本高、投入风险大、显效周期长等特点，无法显著促进农户增收，反而会引起农业收入的下降（Nkala P 等，2011；Martey E 和 Etwire P M，2020）。

（四）农户技术采纳的关联影响研究

目前，农户技术采纳研究最常用的方法是使用离散选择模型，如 Logit 模型、Probit 模型，研究中将农户技术采纳行为考虑为“采纳”与“未采纳”两种行为决策（罗小娟等，2013；杨志海，2018；Zhang 等，2018）或通过双栏（Double-Hurdle）模型、负二项回归等模型考察农户技术采纳强度（Jukin，2015；耿飙和罗良国，2018）。随着研究的不断深入，学者们开始关注不同技术采纳之间的内在联系，如果仅从单一角度去考虑某一个技术采纳的问题可能会导致结论的偏差，并尝试采用多元回归模型对不同技术采纳决策间的关联效应进行讨论（Greene，2008；舒畅和乔娟，2016）。计量经济的迅速发展，使得技术采纳行为研究中的一些技术性问题得到了很好的解决，部分学者采用倾向得分匹配法（PSM）、赫克曼矫正法（又称 Heckman 两阶段法）来解决技术采纳研究中时常伴随着的样本自选择问题（薛彩霞等，2018；Ma 等，2018）。另外，还有部分学者应用博弈论思想，用博弈模型对政策组合、社会网络等因素对农业技术采纳行为的影响进行了扩展研究（杨唯一和鞠晓峰，2014；童洪志和刘伟，2018）。

二、关于农户商品有机肥施用行为的研究

长期以来，基于畜禽粪便有机肥施用行为视角的研究主要是在种植户施用商品有机肥方面。有机肥料是作物的重要营养来源，20 世 70 年代随着化肥行业的快速发展，化肥的供给量日益充足，化肥施用量直线上升。相比之下，有机肥料施用比例却逐渐降低，化肥逐渐取代有机肥，成为主要的农用肥料（李永恒，2004，白由路，2017）。从肥料施用的演进史可以看出，我国农户在有机肥施用方面有着丰富的经验，但是由于多年的增产目标引导，加之化肥在速效、方便、增产方面的突出优势，使得农户逐渐形成以化肥为主导的施肥习惯（任守云等，2017）。近年来，随着我国农业高质量发展的需要，农户有机肥施用行为研究成为学术研究的热点，并取得丰硕且宝贵的研究成果。

（一）农户化肥与商品有机肥的关联效应研究

由于不同技术采纳决策间存在关联效应，部分学者对肥料施用决策之间的相关性进行了延伸谈论，发现有机肥与化肥施用决策之间存在互补关系，即二者之间呈现正相关关系（何浩然，2006）；Waithaka 等，（2007）通过对肯尼亚西部 253 个农户的肥料施用行为进行分析发现，有机肥与化肥具有相辅相成的关系，且二者均受到家庭因素的显著影响，说明有机肥与化肥施用决策之间存在内生性，但 Waithaka 并未给出解决内生性的方案；随后，马骥（2006）、蔡晓羽（2007）、茹敬贤（2008）、史恒通等（2013）学者利用结构方程模型等方法也陆续证实了有机肥与化肥施用行为之间存在显著相关性，但他们的研究认为有机肥、化肥的施用行为之间具有替代作用，即农户施用有机肥可以在某种程度上代替部分化肥，两者间存在着显著负相关。

（二）农户商品有机肥施用行为的影响因素研究

国内外学者对农户商品有机肥施用行为的具体影响因素进行了大量的探讨，主要影响因素可归类为农户个体特征、家庭特征、农户感知、市场环境、政策环境等。针对个别影响因素的研究已达成共识，但也存在诸多分歧。

1. 农户户主特征方面

农户主要生产者年龄显著影响其有机肥施用行为，部分学者认为年龄越大，农户施用有机肥的可能性越大（钟太洋等，2011；朱利群等，2018），但也有学者研究表明，随着农户年龄的增长，其有机肥施用行为发生概率降低（Nunez J，2008；左喆瑜，2015）；农户家庭农业生产主要经营决策者若为男性，则该农户更倾向于施用有机肥（钟太洋，2011）；农户受教育水平是农户个体素质和接受新技术能力的体现，已有大量研究结果表明，受教育水平越高，农户在有机肥施用行为方面表现越积极（朱利群等，2018；杨钰蓉和罗小锋，2018；孔凡斌等，2019；曾杨梅等，2019），但个别研究也得出了相反的结论，认为农户家庭农业生产主要经营决策者的受教育程度对其有机肥施用行为具有消极影响（褚彩虹，2012）；在风险偏好特征上，已有研究发现，由于有机肥代替化肥具有产量减少风险，只有风险偏好较高的农户会倾向选择施用有机肥替代化肥，因为他们可以承担由此带来的减产风险（高瑛等，2017；何香婷，2018；陈超等，2019）。

2. 农户家庭特征方面

关于农户家庭特征方面的研究，目前主要聚焦劳动力禀赋特征、土地禀赋特征、资本禀赋特征 3 个维度。劳动力禀赋特征，关于劳动力禀赋对农户有机肥施用行为的影响研究，目前主要聚焦家庭农业劳动力数量和非农就业两个因素（褚彩虹，2012；栾江等，2017；郑旭媛等，2018；李秋生，2019），且已有研究结论相似，认为家庭农业劳动力短缺限制了农户有机肥施用行为；非农就业促进种植户施用更多的化肥，以此来弥补家庭农业劳动力不足的现实约束（展进涛和陈超，2009；史常亮等，2016；栾江，2017）。土地禀赋特征，关于土地禀赋对农户有机肥施用行为的影响研究，目前主要聚焦经营规模、土壤肥力两个因素。关于经营规模的影响，有研究认为，随着经营规模的增长，农户会投入更多精力来实现农业生产经营的可持续性，倾向于增加有机肥料投入，减少化肥投入（吴丽花，2010；仇焕广，2011；舒畅，2016；张露等，2020）。同时，规模经营会带来更高的盈利水平，促使种植户施用有机肥（高瑛，2017；肖阳等，2018；李秋丹，2018）；但也有研究表明，由于经营规模的扩大使得施用有机肥的劳动力的需求显著增加，随着农业劳动力用工成本的不断攀升，规模经营会抑制农户有机肥施用行为（孙天格，2019；冯焕德等，2019）。土壤肥力特征，相关研究认为，优化土壤肥力是种植户选择施用有机肥的重要原因，土壤质量越差的农户，越倾向于通过施用有机肥来改善土壤肥力（巩前文等，2008；仇焕广等，2014；李浩等，2020）。资本禀赋特征，已有研究认为，资本禀赋总体不充裕、结构不匹配是限制种植户有机肥投入的重要因素（蔡荣等，2011；Mohanmed 等，2013；张童朝等，2017；刘可等，2019）。

3. 农户感知方面

关于农户感知因素对其有机肥施用行为的影响研究，目前主要聚焦经济效益认知、行为效果认知及绿色认知 3 个维度。经济效益认知是种植户有机肥施用决策过程中较为重要的认知因素，已有研究表明，粮油类作物种植户施用有机肥主要是因为有机肥可以促进其节约成本，经济作物种植户施用有机肥是因为有机肥不仅可以节约成本，还可以通过提升作物产量和品质进而提高种植收益，所以，经济作物种植户施用有机肥的意愿相比于粮油、大田类种植户来说更积极（杨泳冰和胡浩，2012；韩枫等，2015；何亚芬，2018）；行为效果认知方面，农户对有机肥形成了普遍认知，认为有机肥的养分含量低、用量大、施肥速度慢，在短期内增产效果不明显，所以与化肥相比，有机肥“肥劲儿不够”是导致种植户施用有机肥积极性不高的重要原因（钟太洋等，2011；晏百荣，2017；栾江等，2018）；有机肥施用的绿色认知差异是导致种植户有机肥施用意愿与施用行为发生偏离的主要原因（余威震等，2019；王则宇，2018；孔凡斌等，2019）。

4．市场环境方面

农业信息渠道是影响农户有机肥施用行为的重要因素（韩枫、朱立志，2016），农业信息渠道不通畅导致的信息不对称性，造成了农户为了增产而过度施用化肥，忽略有机质投入（康婷和穆月英，2020），种植户若具有通过农业信息渠道，主动获取市场信息的意识，那么该意识将有效促进其有机肥施用行为（余威震，2019）。技术环境特征对农户有机肥施用行为的影响是非常显著的（肖阳等，2017），有学者研究发现，随着土壤肥力的降低、土地规模的扩大、土地分散程度的降低，农户施用有机肥的意愿就越强烈（曾杨梅等，2019），也有学者的研究结论表明，土壤品质越好，农户越倾向于增加化肥投入（张驰等，2017）；有机肥可以改善农产品的质量，如果施用有机肥代替化肥生产出的作物产品售价更高，那么农户施用有机肥的积极性也会更高。所以，在农户有机肥施用决策中，农产品价格是一个非常关键的因素（李舒等，2019；唐艳，2019），完善有机农产品定价制度可以有效激发农户有机肥施用行为的积极性（吴九兴等，2019）。

5．政策环境方面

有机肥施用具有明显的环境效益正外部性，因此政府需要制订政策适当对市场进行补充与完善。已有相关研究表明，政府激励措施对农户有机肥施用行为具有显著影响，其中，政府对有机肥的补贴政策和有机肥施用的宣传推广活动对农户有机肥施用行为具有显著促进作用（郑利杰等，2018；何丽娟等，2019；黄炎忠等，2019）；农业部门主导的施肥技术指导会有效促进农户有机肥施用行为（杨钰蓉和罗小锋，2018；王恒和易小燕，2019；孔凡斌，2019），但同时也有研究发现施肥技术培训对农户有机肥施用技术能力的提高并没有显著作用，进而也无法有效促进农户有机肥施用行为（肖阳等，2017；曾杨梅等，2019）。政府规制措施也会在一定程度上影响农户有机肥施用行为，有机肥的重要肥料来源是畜禽粪便，政府对畜禽养殖的环保管理政策不利用农户有机肥施用行为（孙若梅，2019）。

（三）农户商品有机肥施用行为效应研究

目前对有机肥施用的行为效应研究在产量和经济效益两个角度积累了大量文献。但由于研究方法、研究主体、研究区域等方面的异质性原因，关于有机肥施用是否能够增产增效仍未得到一致的研究结论。部分研究显示施用有机肥可以提高作物产量。有机肥替代化肥施用可以提高肥料利用率、作物产量（赵军等，2016；王颖，2017；郭江，2017；冯焕德，2019；王一鸣，2019；沈冰涛，2019）、作物品质（李水祥，2019；赵满兴，2019）、产出效益（程海涛，2019；苟永桃，2019；左明玉，2019）；大量的试验结果显示，施用有机肥可以通过优化土壤的品质，增强农作物的抗旱、抗病虫害、倒伏等抗风险能力，来降低灾害对作物生产造成的损失，发生灾害时，施用有机肥的作物亩均产量比仅施化肥的亩均产量高（冯高等，1998；孙毅等，2002；邓文，2009；甘艳露等，2014）。但同时也有不少学者通过自然实验数据对比发现，有机肥代替化肥施用虽然可以显著改善土壤质量，但是在一定程度上会对农作物造成减产风险，进而影响农业产出效益（邢鹏飞和温延臣，2018；张雪飞，2019；孟爱红，2019）。

自然实验领域对有机肥的产出效应进行了多品种、多角度的实践检验，相对来说，基于经济学视角对有机肥施用的产出效应进行的相关研究还较为缺乏，已有少量研究开始逐渐聚焦该方面，Kassa 等（2009）通过对埃塞俄比亚农户地块肥料投入数据分析发现，有机肥施用可以在一定程度上提高种植生产效率；随后可持续发展机构（TSC）和国际食物政策研究机构（IFPRI）也陆续得出了相似的结论。在促进农户增收方面，Lavison（2013）、Zemedu（2016）等学者通过对农户肥料投入行为进行产出效益研究发现，施用有机肥可以显著提高农户农业收入，郑阳阳（2020）也利用微观调研数据考察了中国苹果种植户的有机肥施用行为经济效应，得出相同的研究结论，苹果种植户有机肥替代化肥行为对其亩均净收入及技术效率具有显著促进作用。

三、关于农户粪肥施用行为的研究

（一）农户粪肥施用的关联效应研究

养殖废弃物的肥料化包括粪肥还田与以畜禽粪便为原料的商品有机肥还田 2 种方式。但在实际应用中，农户可以同时选择施用多种肥料，包括化肥、商品有机肥、粪肥等，不同施肥决策是同步的，但又是互相影响的，如果仅仅关注某一种肥料的施用行为，很容易忽视不同肥料的联合施用特征信息。褚彩虹等（2012）利用联立双变量回归模型分析农户商品有机肥与农家肥之间的相关关系，结果表明农户施用商品有机肥与施用农家肥之间存在互补效应；舒畅、乔娟（2017）利用多元回归模型对种植户施用粪肥、商品有机肥等养殖废弃物肥料与化肥施用决策进行了联合估计，结果表明种植户粪肥与化肥施用决策间、商品有机肥与化肥施用决策间均具有显著替代效应，但粪肥和商品有机肥施用决策间的替代效果不明显；刘莉（2020）运用联立方程模型对苹果种植户肥料施用决策关联效应做了相似研究，但得出了不尽相同的研究结论，即种植户粪肥与化肥施用量决策间、商品有机肥与化肥施用量决策间均具有显著互补效应，呈正向关系，但粪肥和商品有机肥施用量决策间存在显著的替代效应，呈负向关系。

（二）农户粪肥施用行为的影响因素研究

粪肥与商品有机肥是有机肥料的重要种类，但两种有机肥料的施用技术属性却存在显著差异性。这就导致影响粪肥施用的相关因素具有一定的特殊性。

种养结合关系因素。Williams（1999）对非洲西部农户施用粪肥的相关影响因素进行了分析，发现养殖规模、种养主体合作对粪肥施用起到了促进作用；郑鑫（2010）、Materechera SA 等（2010）、舒畅等（2016）的研究也表明，种植户自身畜禽养殖是粪肥施用的主要影响因素之一。

施用不便因素。粪肥体积大、养分含量低、气味大是阻碍农户施用粪肥的重要因素，但是当农户能够认识到施用粪肥具有肥地、节本的好处时，他们会转变态度积极施用粪肥（Usman I S 等，2016）；张诩和乔娟（2019）认为种植户不施用粪肥的主要原因是没有获取渠道与施用粪肥过程烦琐；舒畅

(2017) 研究结果表明，农田到养殖场的距离对种植户施用粪肥有负向影响，对种植户施用商品有机肥有正向影响。农田与养殖场相隔的距离越远，种植户粪肥可获得性越低，所以更倾向于选择施用化肥或商品有机肥。

种植主体差异。黄晓芙等（2022）基于异质性种植类型主体的调查研究显示，大田作物种植户的粪肥施用比例远低于经济作物种植户的粪肥施用比例，而种植户粪肥施用决策主要受到粪肥施用的成本和环境效应影响，大田作物种植户与经济作物种植户相比，粪肥施用认知障碍更显著。

（三）农户粪肥施用行为效应研究

关于农户粪肥施用行为的效应研究文献成果与商品有机肥施用行为的效应研究文献成果内容呈现特点基本相同，多数研究成果源自田间试验数据分析，基于经济学视角的讨论仍处于起步阶段。粪肥与商品有机肥施用的行为效应有差异的方面在于，粪肥施用不当会对土壤重金属、抗生素及温室气体排放产生不利影响。

1. 基于田间试验讨论

粪肥还田对土壤有机质的有利影响。不施用粪肥的土壤有机质含量会平均下降10%，配合施用粪肥后，土壤有机质含量可明显提高，尤其是土壤中的氮、磷、钾养分含量，长期施用粪肥，土壤有机质含量增加的速度会逐渐变快（徐明岗等，2015；张淑香等，2015）。同时，科学合理施用粪肥能够增加土壤微生物多样性，有利于农业生态系统的可持续发展（Sradnick A 等，2013）。但是，粪肥施用也是造成农田土壤重金属积累和抗生素残留的主要源头，长期不科学合理施用粪肥会导致土壤铜、锌和砷等重金属含量严重超标（董占荣，2006；王瑾和韩剑众，2008），同时会显著增加土壤环境中抗生素浓度（谷艳茹等，2020；阮蓉等，2021）。针对这些问题，2015 年起，我国禁用抗生素作为饲料添加剂；2020 年起，企业停止使用含抗生素的商业饲料（沈仕洲等，2015）；2021 年 10 月，农业农村部发布《全国兽用抗菌药使用减量化行动方案（2021—2025 年）》，稳步推进兽用抗菌药使用减量化行动，并规定到 2025 年末，50%以上的规模养殖场实施养殖减抗行动。由于减少了抗生素的来源，肥料施用对土壤的污染将得到部分缓解。

粪肥还田会显著影响土壤温室气体排放。粪肥的施用会显著增加土壤有机碳含量，进而改变土壤碳元素和氮元素的比例（沈仕洲等，2015），但具体是增加还是降低温室气体排放，因种植类型不同而有所差异。以水稻种植为例，施用粪肥或者配合施用粪肥与单纯施用化肥相比，N_2O 排放量可降低 24%和 7%，但若是在旱地土壤种植作物中，配合施用粪肥则会增加土壤 N_2O 排放量（Ren F 等，2017）。

粪肥还田对作物产量及品质的影响。大量实验研究结果表明，施用粪肥可以显著提高作物产量，但不同类型的粪肥作用效果存在差异，对于玉米种植来说，羊粪、猪粪、牛粪、鸡粪的施用可以平均增产 41.1%、39.3%、32.9%、42.8%，随着粪肥施用量的增加，玉米的穗长、行数、行列粒数也会随之增长（贾中涛等，2015）；对于番茄种植来说，猪粪配合施用可以显著增加作物产量，牛粪配合施用可以显著提升果实品质（王丽英等，2011）。

2. 基于经济学视角讨论

成本收益分析决定了可持续生产管理目标实现的边界，同时也是不同管制政策选择的基础。20 世纪 90 年代，有专家对施用畜禽粪便有机肥和施用化肥的成本进行对比，结论是施用家畜有机肥的成本比施用化肥的成本低，按照 1995 年新疆生产建设兵团第八师生猪（20.5 万头）、肉牛（1.72 万头）、肉羊（28.43 万头）养殖规模测算，施用农家肥的生产成本投入比施用化肥成本投入可降低 551.9 万元（杨金麒，1995）。但随着生产集约化程度的提高、劳动力成本的上升，在现有农业社会背景中，没有补贴的情况下，粪便运输和施用成本限制了其作为化肥替代品的利用（Murali，2005）。粪肥尽管有机养分丰富，但由于折纯养分较化肥要低很多，因此施用量要大于化肥的施用量，虽然肥料投入成本仅略高于化肥，但粪肥施用过程中随之增加明显的运输成本和人力成本，使得粪肥养分丰富的优势不足以抵消额外增加的投入，根据刘洪涛等（2010）的成本计算，粪肥的单位面积有效养分投入成本高出化肥近 4 倍。在粪便产生区域附近施用该粪便的效率最高，因为粪肥的边际成本（主要是运输成本）将随着产生地和施用地之间距离的增加而增大（Schnitkey 和 Miranda，1993；Innes，2000）。曾悦等（2004）通过对各种粪肥的费用效益分析，从经济角度探讨特定区域的粪肥运输经济效益最大化距离，研究结果显示，假设粪肥施用费用与化肥施用费用持平，粪肥可以从较远的供给地运到使用地，对鸡粪、猪粪、牛粪而言，其最经济运输距离分别为 43.9 千米、13.3 千米、5.2 千米。Murali 等（2005）针对粪肥施用进行经济学讨论，研究结果表明，考虑当时的粪肥装载、运输和施用成本，粪肥从盈余区转移到赤字区并不能实现有效的经济收益，但是通过适当补贴或降低粪肥水分含量两种措施，粪肥可以实现在经济上有效替代化肥。畜禽粪便的体积庞大和运输困难是施用过程中最需要克服的问题（Pali，2003），缺乏劳动力是阻碍种植户施用粪肥的重要因素（Lekasi，2003）。

四、文献述评

综观既有研究成果，农户技术选择行为及其影响因素是农业技术经济领域非常传统的研究问题，相关文献可谓汗牛充栋。学术界基于农户肥料施用决策的相关关系、有机肥施用行为的影响因素、有机肥施用行为效应等视角对农户的有机肥料施用行为进行了深入且相对全面的探讨，形成的研究成果为本书的研究开展提供了丰富、多样、严谨且可借鉴的理论及方法。目前关于有机肥施用决策的讨论虽然日趋完善、翔实，但还缺乏一定的系统性研究，基于农业实际生产环境变化的实证研究成果相对较少，农户畜禽粪便有机肥施用决策仍有待深入研究。至少需要在以下 3 个方面进行深入：

一是对种植户异质性禀赋影响的讨论存在局限。已有相关文献在研究种植户有机肥施用行为时，通常只选择一种作物类型进行讨论，而相同作物类型的种植户，其禀赋条件具有一定的同质性，其行为研究结论只适用于某一种特定聚焦的作物类型，不具有普适性。同时，单一作物类型种植户主体的研究，不能基于异质性种植户禀赋条件对其行为的具体影响得到相应结论。已有研究大多对经济作物种植户有机肥施用行为进行多角度的研究与探索，但是推行畜禽粪便肥料化利用，实现养殖粪污全量化还田，终究是要还到大田作物中，实现大规模施用。本书同时选取苹果种植户、玉米种植户两种类型农户进行畜禽粪便有机肥施用行为的讨论，有机结合商品有机肥、粪肥多维度技术属性和不同类型农户禀赋特征，对农户技术选择的动机、需求和行为差异进行理论和实证分析，理解农户在有机肥料技术选择上的现实障碍，揭示农户禀赋对其技术选择偏向的影响及其机制。

二是针对畜禽粪便有机肥施用行为的激励措施促进机制研究缺乏。已有部分研究结果表明，技术培训、补贴等相关激励措施对种植户畜禽粪便有机肥施用行为具有显著促进作用，极少对其促进机制进行深入研究。对机制研究的缺乏使得不能明确提高种植户采纳畜禽粪便有机肥施用技术行为主动性的深层次原因。本书将外部激励措施、内部技术感知与农户禀赋纳入同一分析框架，讨论外部激励措施对异质性种植户畜禽粪便有机肥施用行为的驱动机理，为种植户形成施用畜禽粪便有机肥的内生长效机制提供理论与实践依据。

三是基于经济学视角的有机肥行为经济效应讨论不够。现有研究多集中在对决策行为的结果进行解释，而对决策行为的效果关注却很少，研究的结论多集中在影响决策的因素和影响的程度上，而对各种决策的行为效应，尤其是经济效应却很少进行深入的讨论。实际上，决策行为效果是农户决策行为发生的关键影响因素，决策结果与决策行为具有互动关系，缺乏对决策行为效果的讨论将导致实证分析重要信息的损失。本书将在畜禽粪便有机肥施用决策机制理论框架基础上，讨论畜禽粪便有机肥施用决策行为与决策行为效应之间的相互作用，揭示在经济条件约束下，种植户畜禽粪便有机肥施用决策的行为逻辑。

第三节 研究目标与内容

一、研究目标

本书的研究总目标是讨论种植户畜禽粪便有机肥施用行为决策的形成原因，回答“种植户为什么选择不施用畜禽粪便有机肥?”“怎样促进种植户畜禽粪便有机肥的施用积极性?”“种植户施用畜禽粪便有机肥会引起怎样的成本收益变动?”3个问题。

本书基于种植户微观调研数据，以理论分析框架和实践环境讨论作为研究基础，构建种植户畜禽粪便有机肥施用决策机制，探究畜禽粪便有机肥施用行为的深层次影响因素及其对个体行为的作用路径和机理，为刻画畜禽粪便有机肥施用行为逻辑提供理论支持和经验证据，为政府制定可持续性的长效驱动激励机制提供科学的决策分析依据。

具体目标是：

（1）构建种植户畜禽粪便有机肥施用决策机制理论分析框架。

（2）剖析种植户畜禽粪便有机肥施用现实环境基础。

（3）明晰种植户畜禽粪便有机肥施用行为的实际约束，即回答第一个问题“种植户为什么选择不施用畜禽粪便有机肥？”。

（4）厘清种植户畜禽粪便有机肥施用行为的驱动机理，即回答第二个问题“怎样促进种植户畜禽粪便有机肥的施用积极性？”。

（5）掌握种植户畜禽粪便有机肥施用行为的经济效应，即回答第三个问题“种植户施用畜禽粪便有机肥会引起怎样的成本收益变动？”。

二、研究内容

基于上述目标，本书的内容从基础研究和实证研究两个方面展开。基础研究包括种植户畜禽粪便有机肥施用决策机制理论分析框架构建，畜禽粪便有机肥施用宏观、微观环境基础讨论；实证研究包括种植户畜禽粪便有机肥施用决策的禀赋约束研究、种植户畜禽粪便有机肥施用决策的驱动路径研究、种植户畜禽粪便有机肥施用决策的经济效应研究。

1．种植户畜禽粪便有机肥施用决策机制理论分析框架构建

本部分基于对相关理论的归纳思考，诠释了种植户畜禽粪便有机肥施用决策的行为内涵，厘清种植户畜禽粪便有机肥施用决策的行为机理，分析种植户畜禽粪便有机肥施用决策的行为经济效应。为后续实证分析提供理论基础和分析依据。

2．畜禽粪便有机肥施用宏观、微观环境基础讨论

本部分从宏观视角和微观层面分别梳理归纳了畜禽粪便有机肥施用的环境基础，宏观环境层面主要从政策环境、产业环境、社会环境、实践环境 4 方面进行分析总结，增进对畜禽粪便有机肥施用宏观环境的认识与理解，微观环境层面主要对施用主体特征、决策特征、供给环境特征 3 方面进行剖析，明晰了畜禽粪便有机肥施用的现实基础。全面展示了种植户畜禽粪便有机肥施用的环

境变化和种植户实际应用情况，为后续实证分析提供实践基础和立题依据。

3. 种植户畜禽粪便有机肥施用决策禀赋约束研究

本部分基于种植户畜禽粪便有机肥施用决策机制理论分析框架，以种植户禀赋异质性为研究视角，考虑我国要素市场不完全的特点，基于所构建的考虑禀赋约束和技术属性的农户技术选择理论模型，采用多元回归（Multivariate probit）分析方法，阐述不同类型种植户对于不同属性技术选择偏向的差异及其原因，揭示种植户畜禽粪便有机肥施用行为决策的实际约束。

4. 种植户畜禽粪便有机肥施用决策驱动路径研究

本部分基于种植户畜禽粪便有机肥施用决策机制理论分析框架，聚焦外部激励措施，通过调节效应与中介效应检验，深入探究外部激励措施对种植户畜禽粪便有机肥施用行为的影响机制。采用多元回归分析方法，检验外部激励措施、肥料技术感知对种植户畜禽粪便有机肥技术采纳行为的影响；通过分组回归检验，检验种植户禀赋异质性在外部激励和畜禽粪便有机肥施用行为之间的调节作用；通过中介效应检验，检验肥料技术感知在外部激励和畜禽粪便有机肥施用行为之间的中介作用。

5. 种植户畜禽粪便有机肥施用决策效应研究

本部分基于种植户畜禽粪便有机肥施用决策机制理论分析框架，从投入、产出、效益3个维度分析畜禽粪便有机肥施用决策行为的经济效应，构建联立方程模型，探究种植户畜禽粪便有机肥投入决策引起的实际成本收益变动，同时讨论异质性种植户肥料投入与产出效益之间的逻辑关系。

第四节 研究方法与技术路线

一、研究方法

围绕研究目标与研究内容的设计，在国内外相关文献成果的基础上，结合微观实地调研实际情况，运用规范分析方法构建种植户畜禽粪便有机肥施用决策机制理论框架；基于二手资料数据和实地调研数据，运用描述性统计方法、对比分析法等对畜禽粪便有机肥施用环境进行分析梳理；基于调研数据，运用实证分析法对种植户畜禽粪便有机肥施用决策机制理论框架进行检验。主要实证分析方法如下：

1. 多元回归模型

考虑到种植户对不同肥料的选择决策并不是独立的，不同肥料选择决策会同时发生且相互依赖，不适用于一般的二元回归模型，本书在第四章和第五章的实证分析中均采用多元回归模型进行回归分析。不仅可以同时考察种植户不同肥料决策的影响因素，也可以在此基础上通过似然比检验获得采用不同决策间的关联效应（Lorenzo Cappellari 等，2003）。

2. 倾向得分匹配法（PSM）

考虑到外部激励措施对种植户畜禽粪便有机肥施用行为的影响可能具有自选择偏误。本书采用倾向得分匹配法创造一个随机实验条件，从而使接受外部激励措施和未接受外部激励措施两组种植户可直接比较。根据农户的基本特点，逐一进行评分，选出两组间得分最相近的农户，以确定“处理组”和“反事实”的对照组，在满足所有特征变量相匹配的情况下，研究单个外部激励措施的改变对种植户畜禽粪便有机肥施用行为的影响（Rosenbaum 和 Rubin，1983）。

3. 联立方程模型

联立方程模型被广泛地运用于研究变量之间的互动关系，通过联立方程模型，可以考察变量间的相互作用及互动机制。本书为了研究畜禽粪便有机肥施用经济效应，构建了包括化肥投入成本方程、商品有机肥投入成本方程、粪肥投入成本方程、生产成本方程、作物产量方程、作物收益方程在内的 6 个方程组。运用联立方程组估计方法（包括单一方程估计法和系统估计法 SUR、3SLS），同时考察肥料投入成本之间的内在关联及肥料投入成本与产出效应之间的互动机制。

二、数据来源及调查方案设计

本书所使用的研究数据源自课题组 2019 年 12 月至 2020 年 1 月期间赴北京市、天津市、河北省 3 省市开展的苹果、玉米种植户实地问卷调查。

选择京津冀地区作为调研区域，是因为京津冀地区比较“特殊”，具有典型性。京津冀地区的资源和环境问题日趋严峻，京津冀协同发展不仅要保证域内畜禽肉蛋牛奶的充足供应，同时也要控制域内养殖废弃物的一再污染，还要满足生态农业发展对有机肥料的需要，一体化进程中的养殖废弃物肥料化利用面临着巨大的社会压力。从畜禽粪肥的供给方面来看，京津冀地区的养殖总量虽然不高，但大、中、小不同的养殖规模化水平在该地区均有体现，区域化畜禽粪便负荷情况截然不同，依据畜禽粪污土地承载力测算得知，北京市、天津市、河北省耕地畜禽粪便猪当量负荷分别为 33.94 吨/(公顷•年)、13.81 吨/(公顷•年)、9.88 吨/(公顷•年)（张藤丽等，2020），可分别将北京市、天津市和河北省划分为粪污资源充沛区、粪污资源平衡区及粪污资源消纳区。

从畜禽粪肥的需求方面来看，苹果是经济作物种植的典型代表，我国苹果种植面积和产量占世界苹果总产量的 40%左右，玉米是大田作物种植的典型代表，我国玉米作物播种面积占全国粮食作物播种总面积的 35.57%，两种作物在畜禽粪便肥料化消纳利用方面均具有巨大潜力。选用京津冀地区的玉米种植户和苹果种植户作为研究对象，也是因为这两种作物在京津冀地区具有一定的专业化生产特征。京津冀地区是我国渤海湾苹果产区的重要组成部分，2019 年，京津冀苹果产量占地区水果总产量的 15.23%，同年，玉米产量占其粮食作物总产量的 53.23%。因此选择北京市、天津市、河北省的玉米、苹果种植农户，考察其畜禽粪便肥料施用决策行为，具有一定的代表性和现实意义。

本书研究的调研工作分为预调研和正式调研 2 个阶段。实地调研问卷主要由 6 大部分组成：种植户家庭农业经营决策者基本特征、种植户家庭经营特征、种植成本收益核算、肥料施用情况特征、种植户家庭农业经营决策者认知情况、政府行为。为确保样本户具有一定的代表性，调研采用分层随机抽样法，采取问卷调查与农户访谈相结合的方式进行，在充分考虑地理环境、资源禀赋、经济条件等因素的基础上，课题组选取了北京市（昌平区、延庆区、密云区）、天津市（蓟州区、静海区、武清区）、河北省（遵化市、秦皇岛市、承德市）9 个区域展开调研，9 个区域既包括养殖相对密集区也包括种植集中区，既包括有机肥替代化肥试点区也包括非试点区，在不同调研区域下，每个区随机抽取了3个乡镇，乡镇内部随机抽取2个行政村，村内随机抽取8～10户种植农户进行入户一对一调研访谈。共发放问卷438份，收回438份，剔除无效问卷1份，共获得有效调查问卷437份（北京市106份、天津市172份、河北省159份），其中玉米种植户199份、苹果种植户238份。

此外，本书还使用了《全国农产品成本收益汇编》《中国农村统计年鉴》和《全国农业普查数据》等资料数据，以此支持第三章关于畜禽粪便有机肥施用宏观、微观环境基础讨论。

三、技术路线

本书遵循“问题提出→理论分析→实证检验→解决问题”的逻辑框架。从章节安排来看，首先通过导论引出研究的问题；其次是理论分析，基于对相关理论的归纳思考，种植户畜禽粪便有机肥施用决策机制理论分析框架构建；然后是实证检验，深入讨论畜禽粪便有机肥施用宏观、微观环境基础、明晰种植户畜禽粪便有机肥施用行为的实际约束、厘清外部激励措施对种植户畜禽粪便有机肥施用行为的驱动机理、掌握种植户畜禽粪便有机肥施用行为的经济效应；最后是本研究的结论和对策建议（图1-1）。

第五节　可能的创新点

与已有研究相比，本书的创新及特色主要包括以下3个方面：

（1）聚焦禀赋异质性特点讨论。从各个角度讨论经济作物种植户与大田作物种植户的畜禽粪便有机肥施用行为差异。有机结合肥料技术属性和农户禀赋特征，多维度地将不同肥料施用技术依据属性特征（肥料技术所需要的禀赋组合）进行分类，以农户禀赋异质性为研究视角，考察农户初始禀赋差异对其肥料技术选择偏向的影响及其机制，有助于更加深刻地理解种植户畜禽粪便有机肥施用技术选择的行为逻辑和制度性障碍。

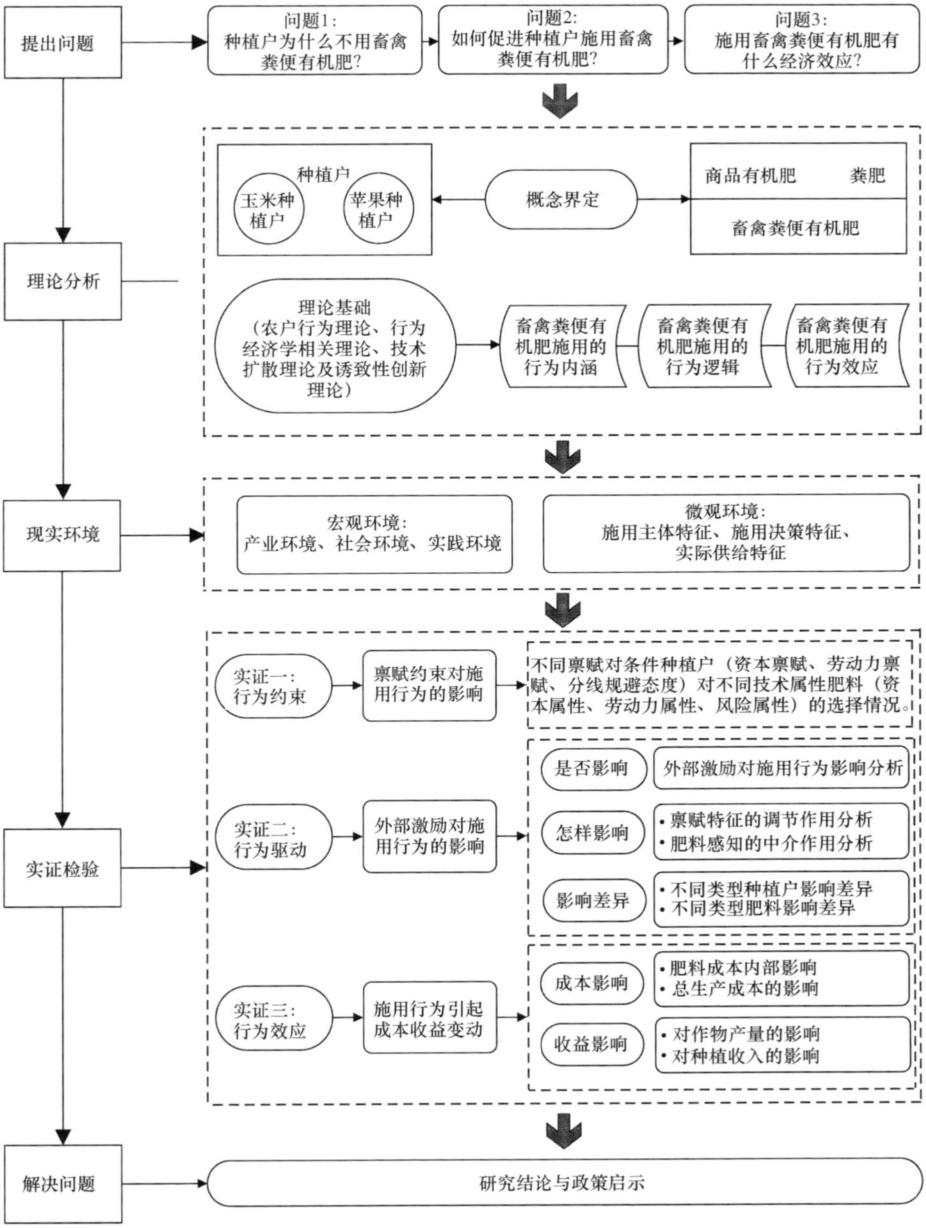

提出问题
问题1：种植户为什么不用畜禽粪便有机肥？
问题2：如何促进种植户施用畜禽粪便有机肥？
问题3：施用畜禽粪便有机肥有什么经济效应？
理论分析
种植户
玉米种植户
苹果种植户
概念界定
商品有机肥
粪肥
畜禽粪便有机肥
理论基础（农户行为理论、行为经济学相关理论、技术扩散理论及诱致性创新理论）
畜禽粪便有机肥施用的行为内涵
畜禽粪便有机肥施用的行为逻辑
畜禽粪便有机肥施用的行为效应
现实环境
宏观环境：产业环境、社会环境、实践环境
微观环境：施用主体特征、施用决策特征、实际供给特征
实证检验
实证一：行为约束
禀赋约束对施用行为的影响
不同禀赋对条件种植户（资本禀赋、劳动力禀赋、分线规避态度）对不同技术属性肥料（资本属性、劳动力属性、风险属性）的选择情况。
实证二：行为驱动
外部激励对施用行为的影响
是否影响
外部激励对施用行为影响分析
怎样影响
• 禀赋特征的调节作用分析
• 肥料感知的中介作用分析
影响差异
• 不同类型种植户影响差异
• 不同类型肥料影响差异
实证三：行为效应
施用行为引起成本收益变动
成本影响
• 肥料成本内部影响
• 总生产成本的影响
收益影响
• 对作物产量的影响
• 对种植收入的影响
解决问题
研究结论与政策启示

图 1-1 技术路线图

（2）深入研究外部激励促进机制。在已有的外部激励促进有机肥施用行为效果显著的研究基础上，本书将外部激励措施、内部技术感知与农户禀赋纳入同一分析框架，讨论外部激励措施对异质性种植户畜禽粪便有机肥施用行为的驱动机理，为探索如何提高种植户采纳畜禽粪便有机肥施用技术的行为主动性，如何通过外部激励使种植户形成施用畜禽粪便有机肥的内生长效机制提供理论与实践依据。

（3）关注实际成本收益。目前有关有机肥施用的研究多集中在农户施肥的决策结果及其影响因素上，对技术应用后产生的实际成本收益变动关注较少，而经济效益实际是影响农户技术采纳决策的关键因素。农业技术采纳是经济利益不断权衡的结果。本书运用联立方程模型构建种植户畜禽粪便有机肥施用行为的决策系统，考察了决策行为与其经济效应之间的互动关系，拓展了畜禽粪便有机肥施用行为的经济驱动机理。

本章小结

本章总揽全局，明确提出全书的研究背景、研究意义、研究目标、研究内容以及研究方法等，旨在为后续研究奠定基础、搭好框架和明确方向。

第二章

概念界定与理论分析框架

引言：近年来，化肥过量施用、有机肥投入量不足加剧了土壤营养失衡和基础肥力下降；畜禽粪便资源量庞大但利用不足，造成有机质资源堆积浪费和环境污染。畜禽粪便还田利用成为推进资源合理利用的现实需要。引导种植户施用畜禽粪便有机肥成为政府和学术界关注的重要议题。本书重点分析种植户畜禽粪便有机肥施用行为及其有效驱动机制，因此，本章首先对种植户、畜禽粪便有机肥等概念进行明确界定，并在此基础上对农户行为理论、行为经济学相关理论、技术扩散理论、诱致性创新理论等理论进行梳理总结，最后构建种植户畜禽粪便有机肥施用理论分析框架。

第一节　相关概念界定

一、农户（种植户）

农户作为人类社会结构中最基本的生活单元和经济组织，是农业生产及技术采用的基本单元。本书将农户的内涵描述为：农户是指生活在农村，以家庭为单位，以家庭血缘和亲缘为联系纽带，进行独立生产和消费的一种社会经济组织（陈华山 1996；尤小文，1999；史清华，1999）。随着农村经济发展与新型城镇化建设进程的协同推进，农村人口流动、家庭职业分化加剧，农户这一概念现阶段已逐渐从传统的生产单位转变为一种职业形式（钱龙等，2015）。我国农户具有个体小农户特征，生产规模相对较小，且较长时期不会改变为大规模形式（曹惠，2019）。

结合农户的定义，苹果种植户（玉米种植户）的概念也自然而生。苹果种植户（玉米种植户）属于专业农户中的其中一类，即指以户为单位，以土地为基本生产资料，家庭中有成员从事苹果（玉米）类作物种植活动并以苹果（玉米）种植活动为家庭主要农业生产经营活动、以苹果（玉米）收入为家庭主要农业生产收入的农户。

苹果作为经济作物，其生产经营过程具有市场化、专业化特征，对作物品质的要求较高，市场需求弹性较大。玉米作为大田作物，一般种植面积大、地形开阔，适合机械作业。玉米与经济作物相比，种植效益较低。玉米种植具有粮食安全问题的公共属性，玉米种植户生产行为优化需要重视政府适度主导改变资源、制度等一级市场环境等约束条件。需要强调的是，本书中不存在同时种植苹果和玉米两种作物的种植户。

二、畜禽粪便有机肥

有机肥料是来源于植物或动物残体，既能满足植物营养需求，又能提高土壤的理化和生物学性质。有机肥料根据其来源、特性和积制方法一般可分为5类：粪尿肥（包括人粪尿、家畜粪尿、禽粪）、堆沤肥类（包括堆肥、沤肥、秸秆还田及沼气肥等）、绿肥（包括各种绿色植物体）、杂肥（包括泥炭及腐殖酸类肥料、泥土类肥料及生活污水、工业废水、工业废渣等）、商品有机肥（工业精致有机肥料）。

本书中的粪肥是指以畜禽粪便为原料，用堆积或沤制的简易加工方式，让原料充分腐熟后形成的有机肥料。堆沤粪肥具有较长的后劲，常年施用可使土壤积累较多的腐殖质，不仅可以改变土壤结构，而且对提高土壤肥力、促进低产田熟化都具有良好的效果。

本书中的商品有机肥是一种利用畜禽粪便、动植物残体等高有机质的副产品，通过工厂化的生产工艺，将其分解、发酵、脱水、造粒、包装等工序加工而成。商品有机肥可以使肥料充分的发酵和腐烂，同时还可以将饲料中的病原菌、寄生虫卵和杂草种子全部清除，产品无异味，品质稳定，卫生安全，可以直接施用于农田，降低了传统的农家肥堆沤和使用的人力成本，也减少了环境污染。

传统有机肥料利用方式落后，存在“三低三大”的问题：养分含量低、体积大，劳动效率低、强度大，无害化程度低、污染大。同时大部分养殖场中的粪渣没有经过科学发酵，生粪出、生粪运、生粪下地，导致环境直接污染和有害病原污染严重。传统粪污资源化利用方有待改善，有机肥商品化是新形势下发展有机肥料的必然趋势（李玉振，2017）。

第二节　种植户畜禽粪便有机肥施用行为理论基础

一、农户行为理论

农户行为是指农民家庭在农村经济活动和生活中进行的各种选择决策。农户具有生产者与消费者双重属性特征，农户行为具有生产行为、消费行为等多方面的特点。围绕“农户是否是理性经济人”的讨论从20世纪20年代延续至今，学术界对此问题的解释大体可分为4种观点：生存小农理论、理性小农理论、有限理性小农理论和引入心理学的农户行为研究框架。

（一）生存小农理论

生存小农学派的代表学者是恰亚诺夫（A. V. Chayanov），他对苏联时期小型家庭农场进行了30多年的农户跟踪调查，认为农户在自给自足的小农经济中，生产目的是满足家庭消费，并不是实现经济效益最大化。同时，恰亚诺夫创新性地提出了“劳动回避理论”，认为当农户家庭消费需求得到满足后小农将没有动力去付出更多的劳动时间和劳动强度继续从事生产。斯科特（James Scott，1976）研究延续了恰亚诺夫的分析思路，以农户农业生产目的是为了满足家庭基本生存需要为研究前提，对“生存困境”状态中的农户进行了专门研究，考虑到了农户的实际生存环境，从机会成本角度为其理论的提出提供了现实基础，认为小农生产遵循的逻辑是“生存法则”，需要优先考虑较低的风险和较高的生存保障，而非收入最大化。生存小农理论中的农户是非理性的、保守的和低效率的。

（二）理性小农理论

理性小农学派的代表人物是舒尔茨（Theodore. W. Schultz），该学派观点与恰亚诺夫和斯科特观点的最大不同之处在于认为农户是理性经济人。舒尔茨（1964）认为农户生产经营活动遵循的是利润最大化原则，农户会根据自身的资源禀赋进行合理决策而实现帕累托最优。在舒尔茨观点的基础上，波普金（Samuel Popkin，1979）首次提出“理性小农”概念，认为农户在对长远收益与风险进行合理考虑后，会做出理性决策，从而实现效益最大化。传统农业中生产要素的边际产出在不断递减，而现代农业能够提高农业生产效率。理性小农理论认为，农户是一个高度同质性的群体，他们的行为决策不掺杂任何情感因素，这样的行为是基于农户的信息是完备的，他们可以自由选择不同的投入产出组合，通过对比不同的投入产出组合之间的收益，选择能够实现经济利益最大化的组合方案。

（三）有限理性小农理论

有限理性小农理论的代表人物西蒙（H. A. Simon，1947）对经典经济学理性人的部分假设进行了修正，认为农户首先是生存理性的，但由于个人决策的风险、不确定性和信息的不完备性，使得他们的决策没有以最大的经济效益为目标，而只在备选方案中选择一个相对满意的方案，也就是帕累托次优方案。黄宗智（1992）基于西蒙的有限理性理论，结合对我国农村社会实际的调查研究提出了符合当前中国农村发展现状的阐述，他认为，改革开放已经逐步改变了传统的小农经济，使其变成了“资本和劳动双密集型”的农业生产，农户农业生产行为既需要满足自家消费需求，又能通过销售农产品获得更多的收益。有限理性小农理论需要综合追求利润最大化的企业行为理论和追求效用最大化的消费者行为理论来分析小农行为。

（四）引入心理学的农户行为研究框架

按照经典经济学的分析范式，在成本大于收益的情况下，个人的“无行为”倾向是存在的，根据有限理性的分析逻辑，个人农业生产决策行为并不是单纯地追求“成本最小化”或“利润最大化”，其底层要求是“有收益”。但是，许多公共物品领域的研究显示，即使没有收益，即使行为本身具有较高的成本，个体仍然会选择发生该行为，这与“理性经济人”的假设相违背。雷宾（M. Rabin，1998）指出，个人的行为不仅是为了在经济收益上获得好处，还包括其他的目的，例如公平性、互惠性、利他性等，经典经济学的效用范畴需求进行一定程度的扩展，将个体心理因素效用范畴引入农户行为研究。

（五）农户行为理论对本研究的启发

由于时代、地域、研究方法的不同，各流派对农户行为进行了不同的阐释，体现了不同的社会经济结构下农户的行为特点，农户行为理论是伴随着社会经济的发展与变迁而不断演变和完善的，通过逐步放松原有的假定、添加新的因素，试图从更合理、更现实的角度来解释农户的经济行为。种植户作为农户的重要类型，其畜禽粪便有机肥施用行为属于农户行为的研究范畴。结合生存小农和理性小农的观点，生产风险、家庭生计保障及自身资源禀赋是影响种植户肥料选择决策的首要因素；根据有限理性理论可知，种植户作为“有限理性小农”，其技术选择动机及行为倾向具有趋利性和风险规避性。由于农户对畜禽粪便有机肥技术的认识不足，在选择肥料时要综合考虑其成本效益、不确定性、应用难度、外部环境等。同时，个体心理因素也是影响其行为决策的关键变量，种植户需要通过对多方面因素的综合衡量进行肥料选择决策，达到其效用最大化。

二、行为经济学相关理论

作为经济运行规律、心理学和经济科学的行为分析理论的结合，行为经济学弥补了传统经济学中的理性、自利、完全信息、效用最大化和偏好一致等基本假设不足。当前，基于行为经济学的不同专业领域对个人行为的分析，存在着不同的侧重点，而基于行为经济学来讨论农户行为的研究，国内外虽有逐步增多的趋势，但尚未形成农户行为经济学的理论体系。本书借鉴行为经济学的分析逻辑作为种植户畜禽粪便有机肥施用行为研究的逻辑依据，尝试基于 SOR（刺激-机体-反应）理论和 MOA（动机-机会-能力）理论构建理论分析框架。

（一）SOR（刺激-机体-反应）理论

“刺激-机体-反应”（Stimulus-Organism-Response，SOR）模型起源于行为主义，是由“刺激-反应”（Stimulus-Response，SR）模型发展而来的。行为主义兴盛的时候，人们认为人内在的心理过程是不重要的，于是将人的复杂行为归结为“刺激（S）＋反应（R）”模式，但大量的事实证明，同样的刺激在不同的个体上，其情绪和行为表现有可能是截然不同的，这说明某事件的发生需要经过主体的选择、接受、评价等认知过程作为中介，继而才会引起相应的情绪和行为。Mehrabian 和 Russell（1974）在环境心理学领域的研究中首次提出了“刺激-机体-反应”模型（SOR）。针对外部环境特征对个体认知和情绪及后期的行为的影响进行阐释，以心理因素为中介变量，对个人的行为机制进行深入的探讨。S（Stimulus）指的是个体受到外界物理刺激，它会对个体意识和行动造成一定的冲击影响；O（Organism）指的是一个人对该刺激的简单认识和反应；R（Response）指的是个体受到该刺激后表现出的具体行为。SOR 模式表示，外界的刺激可以对个体的内部认知造成一定影响，进而引发个体产生刺激反应所产生的内在状态的趋近行为。

SOR 模型不一定严格遵循“S-O-R”的作用路径，外部刺激可以直接作用于机体的心理认知，也可以直接产生行为反应（图 2-1）。当前，SOR 模式在国内外的应用多集中在资讯系统与电子商务等方面，其研究范围包括了互联网社会的使用者经验与使用者的购物习惯。

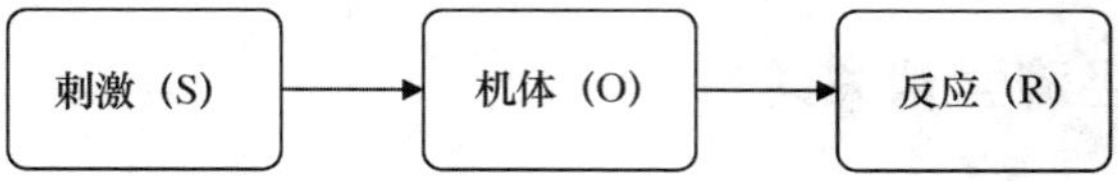

图 2-1　SOR 模型框架图

（二）MOA（动机-机会-能力）理论

1999 年，Rothschild 提出动机-机会-能力（Motivation-Opportunity-Ability，MOA）理论框架，其核心观点认为个体的行为决策是由动机、机会、能力共同作用的结果（图 2-2）。其中，M（Motivation）是指个体做出行为决策时的内心欲望，通常由内在需求和外部诱因两部分组成；O（Opportunity）是个人在做出决定时所面对的环境或外在的动力，A（Ability）是个人的行为潜能，包含个人对自身知识和技能的信心。

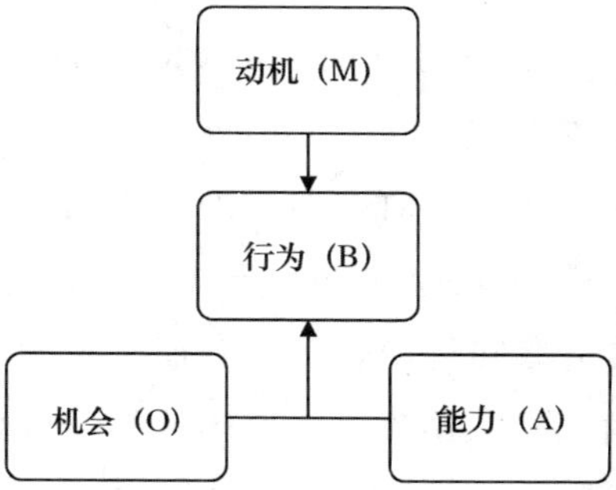

图 2-2　MOA 模型框架图

动机、机会、能力与行为之间的关系密切，且相互间的作用有所不同。动机是行为产生的内在驱动力和目的实现的引导，其客观性、主体性和优势性是诱发个体产生行为的最直接原因；机会具有时效性和有利性，能够限制或推进个体行为，主要是强调推动作用；能力是动机的一种外部表达方式，它是人们的主观愿望能动性的产物，能力的强弱将对行为的执行效果产生重要的作用。目前，MOA 理论被运用于管理学各个领域，它的研究重点是从心理学、情景等角度来阐释个人的行为。

（三）行为经济学相关理论对本研究的启发

SOR（刺激-机体-反应）理论和 MOA（动机-机会-能力）理论为本书研究的开展提供了视角与逻辑依据，有助于剖析种植户畜禽粪便有机肥施用的行为逻辑。SOR 理论模型将外部环境变化、有机体自身认知、主体行为反应 3 方面纳入同一个分析框架中，可对应本文研究中畜禽粪便有机肥技术引导政策服务（外部环境变化）、种植户畜禽粪便有机肥施用技术认知（有机体自身认知）和种植户畜禽粪便有机肥施用决策（主体行为反应）。农户技术采纳需要农户的意愿与能力的综合，农户的能力是影响其意愿有效转化为需求的重要因素。SOR 模型缺乏对农户能力水平的考量，故借鉴行为组织理论 MOA 模型的部分研究思想，将 MOA 理论中的能力因子（Ability，A）纳入 SOR 理论模型，对应种植户禀赋条件，构建种植户畜禽粪便有机肥施用行为的分析框架，进一步增强模型对现实的解释力。

三、技术扩散理论

农户对新技术、新生产方式的采纳与应用是实现农业科技带动作用的关键所在，作为农户技术采纳的关键环节，农业技术推广系统担负着信息传递、服务供给和要素供应等功能。国内外学者围绕农业科技创新、农业技术推广、农户技术采纳以及 3 方面的相互影响进行了深入的讨论，并取得了许多有益于实际的研究结果。结合本研究，主要选取技术采纳理论、创新扩散理论及技术推广理论作为理论基础。

（一）技术采纳理论

法国社会学家、心理学家加布里尔·塔尔德（1890）认为，个体因素差异将对创新的扩散产生较大影响。农业技术创新扩散是指农业新技术、新发明、新成果等从创新源头开始向周围传播，不断被广大农民或农业企业接受和采纳的过程（刘笑明和李同升，2006）。Cochrane（1958）是在引进了社会学的基础上，创立了“技术踏车”的概念，“技术踏车”将农业新技术采纳者分成 3 种类型：早期采纳者、模仿采纳者、落后采纳者。该理论阐述的是：农户在市场上寻求利益的最大化，对新的农业技术有强烈的需求，希望通过新的技术来增加自己的收入。图 2-3 中，技术推广初期，总供给量没有明显增加，总供给曲线 S_1 不发生移动，市场均衡点为 E_1，均衡价格为 P_1。S_{h1} 表示未采用新技术的农户供给曲线，其对应的总收益为矩形面积 $P_1BQ_{h1}O$，曲线 S_{h2} 为较早采用新技术的农户供给曲线，其对应的总收益为矩形面积 $P_1CQ_{h2}O$，对比两类农户总收益大小可知，较早采用新技术的农户收益显著提升。随着农业新技术扩散范围增加，农户开始普遍采用新技术，总供给曲线由 S_1 变为 S_2，市场均衡点由 E_1 移动到 E_2，市场均衡价格由 P_1 降低到 P_2，此时未采用新技术的农户总收益为矩形面积 $P_2BQ_{h1}0$，较早采用新技术的农户总收益为矩形面积 $P_2CQ_{h2}0$，可见随着新技术的普及，早期使用新技术的农户所得到的利益已经荡然无存，而使用新技术的农户则不能从新技术中获取更多的利益。在这种背景下，早期采用新技术的农户可以通过寻求新的技术取代原有技术，从而获取额外收益，形成性的农业技术采纳循环，由此产生农业技术的"踏本效应"。

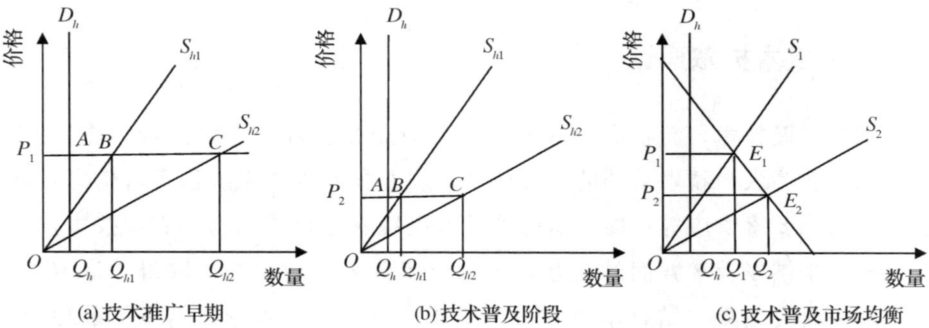

图 2-3　农业技术进步引起农业生产者之间的收益分配变动

（二）创新扩散理论

罗杰斯（Everett M. Rogers）于 20 世纪 60 年代提出创新扩散理论（Diffusion of Innovations Theory），将其定义为：某项创新在某时间段内通过特定的沟通渠道在某社会体系成员里进行传播的过程。罗杰斯依据个体不同的技术采纳情况，基于 Griliches（1957）的研究基础，验证发现随着时间推移，技术扩散的特性表现出"S"形的变化规律（图 2-4）。在创新蔓延之初，只有一小部分的创新者采用了新技术，并且技术的吸收效率和传播的速度缓慢，然后，随着技术接受主体的不断增加，技术的传播也随之加速，直至所有的技术主体都接受了这一技术，才能使其达到一个完全的饱和。这时，技术的传播逐渐减缓，整个技术的传播也就结束了。根据技术接受的时间，罗杰斯把技术采集者分为：先驱者、早期使用者、早期多数、后期多数和落后者 5 个类别（图 2-4）。

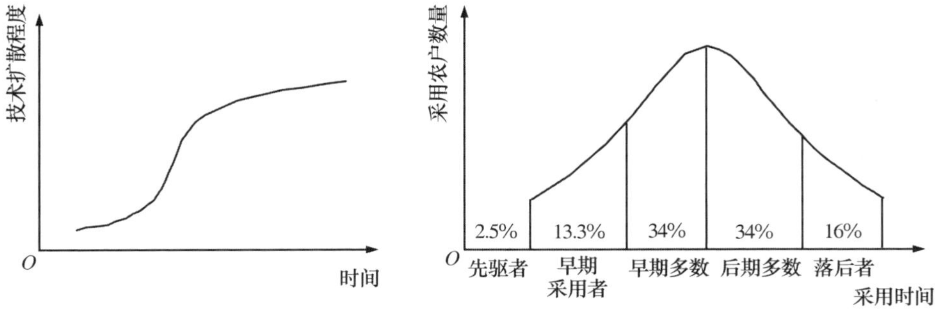

图 2-4 创新扩散曲线与技术采纳

创新扩散理论的关键假设是技术接受各方有同样的机会获得资讯，风险偏好、社会网络、资金约束等方面因素造成不同采纳时间。罗杰斯认为技术属性是影响技术扩散的重要因素，传统研究中将技术视为同质性是错误的。个体通常通过相对优势（新技术是否具有取代传统技术的优势）、复杂性（新技术在生产实践中的应用难度）、兼容性（新技术是否符合采纳主体的现实需求等）、可试性（新技术在生产中试用的可能性）和可观察性（新技术的在实践过程中的感知效果）5 个方面来感知技术属性。

决策者接受技术创新通常被分成 5 个阶段。具体表现为，个体在接触一项新技术后会结合自身禀赋情况和社会环境对其产生初步认知，进入认知阶段；经过一段时间的信息收集和学习，他对技术有了初步的认识，进入到说服和决策阶段；再根据自己条件斟酌要不要采纳新技术，最后进入到实施和证实阶段（图 2-5）。

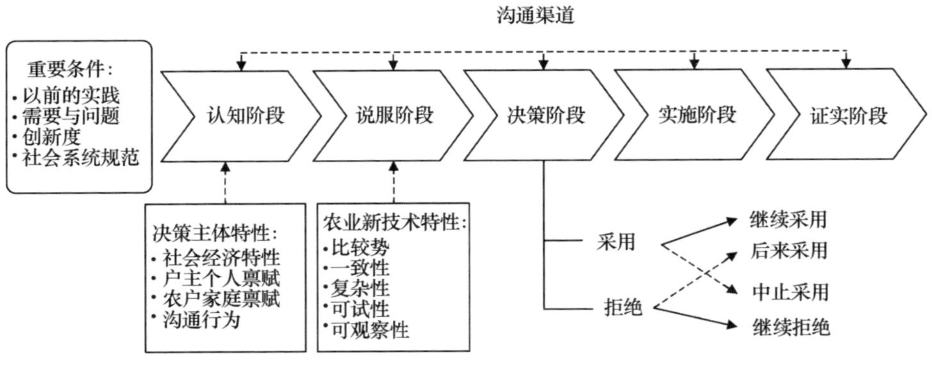

图 2-5 创新的采纳决策过程

（三）技术推广理论

德国农业推广专家阿布列奇特（H. Albrecht，1987）最早提出农业推广框架理论，将农业知识和信息系统视置于一个有组织的框架下进行讨论（图 2-6）。这一体系结构包括技术推广服务系统和技术推广目标群体系统及技术推广的外部环境。技术推广的本质是一个服务体系与目标群体之间的交流互动。技术推广服务系统的主要功能是：制订技术推广的方案，并对技术推广目标系统起到导向和介入的作用，促进目标群体新技术的采纳与运用。推广系统的扩散效率，主要依赖于推介者的能力及所在的组织结构与环境，同时，有效的技术推广也需要外在环境的支撑。20 世纪 70 年代，“双向沟通”理论被引入到技术推广体系中，对农业技术推广方式和方法进行了逐步补充。由于农业技术自身的特性和使用准则，受到不对称的信息限制，农户异质性导致其对新技术的接收和了解程度也不同。“双向沟通理论”认为，新技术的传播必须经历多重的信息传递：一是根据农户新技术需求制定不同的交流学习方法；二是农户接受新技术后，建立新技术效果反馈机制和渠道，保证新技术的有效推广和扩散。

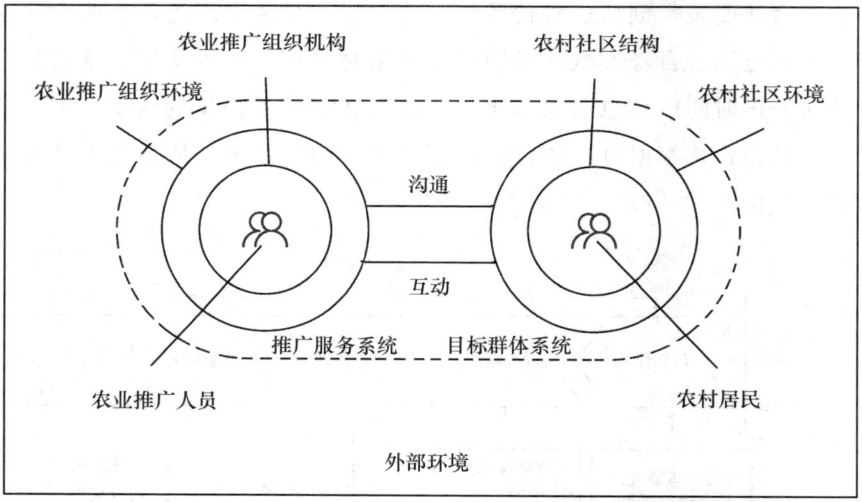

图 2-6　农业推广框架模型

资料来源：许无惧．农业推广学［M］．北京：北京农业大学出版社，1989.

（四）技术扩散理论对本研究的启发

一是有助于理解和界定农业技术属性特征。同属于畜禽粪便有机肥的商品有机肥和粪肥由于具有不尽相同的技术属性特征，在向异质性农户进行技术推广时需要具备不同的推广系统要素。二是有助于整合畜禽粪便有机肥增施的理论框架。目前的研究中，少有将有机肥增施行为与有机肥替代化肥技术联系到一起的，鲜有从技术推广角度对畜禽粪便有机肥增施行为进行深入研究的讨论，本书将技术推广（不同外部激励措施）引入到畜禽粪便有机肥施用技术应用理论框架中，分析不同技术推广措施对不同属性技术应用的具体影响。三是有助于厘清技术推广对种植户畜禽粪便有机肥施用行为的作用机理。农户是否能够充分接受技术资讯，直接关系到新技术的接受与运用。基于创新扩散理论可知：在技术采纳的第一阶段，技术认知尤为重要，特别是对于第一次采纳该技术的农户。技术推广服务有助于农户对新技术形成准确的认知（包括技术应用的预期收益、成本支出、风险等因素），继而引导农户对新技术应用效果做出科学判断，如果新技术可以获得更多的利益，农户一定会采纳，进而进入到技术扩散的说服和决定阶段。

四、诱致性创新理论

舒尔茨（1964）认为改造传统农业的核心是通过对农村劳动力进行投入，从而使农村劳动力成为一种更为低廉的经济发展动力。然而，舒尔茨模式未能解释教育等公共物品的供应机理，也未解释要素及产品价格的改变会如何影响技术的发展与投入。诱致性创新理论是指政府在面临经济环境变迁时，通过群体行为来提供新的技术和体制，使得该模型更加完善、更加适用。本书主要选取诱致性技术创新理论和诱致性制度创新理论分别进行讨论。

（一）诱致性技术创新理论

诱致性技术创新理论源自厂商理论，包括“施莫克勒-格里利切斯”（Schmookler-Griliches）假说和“希克斯-速水-拉坦-宾斯旺格”（Hicks-Hayami-Ruttan-Binswager）假说两个分支，本书所讨论的诱致性技术创新理论是“希克斯-速水-拉坦-宾斯旺格”假说，又称为要素稀缺诱致性技术创新理论。

该理论假说认为，提高农业产出和生产力必须建立起一种能够发展生态适应性和具有经济意义的技术，不同国家和地区会由于其初始资源禀赋的不同，从而诱导出不同的农业技术变革。这里将技术变革视为内生变量，它是对初始禀赋和资源积累的动态调整过程，解释了固定资源禀赋条件下，技术产生和变化的偏向问题。农业发展需要选择能够消除资源禀赋制约的技术途径。诱致性技术创新过程可用图 2-7 来说明，横轴以上代表土地（A）与劳动力（L）之间生产单位产品的替代关系，I 曲线为创新可能性曲线，i_0 代表 0 期采用的某种类型的技术，A_0adK_0 代表在土地和劳动相对价格比率为 P_0P_0 时可实现的成本最小。横轴以下代表资（K）本与劳动力（L）之间的互补关系，互补关系曲线为 z，假设从 0 期到第 1 期的土地稀缺性程度提高了，劳动力对土地的价格将随之下降到 P_1P_1，生产者使用要素组合从 a 点移动到 b 点。随着科技知识的积累和人力资本的提高，创新可能性曲线移动到 I_1，表示降低单位产量要素投入的社会能力有所提高。此时，生产者可使用新技术 i_1 曲线达到 c 均衡点。A_1ceK_1 代表在土地和劳动相对价格比率为 P_1P_1 时可实现成本最小。诱致性技术创新的前提是，以 P_1P_1 和 $P_1^*P_1^*$ 之间距离度量的生产者从 b 点移动到 c 点的预期收益变动足以诱使他们为开发和使用新技术而努

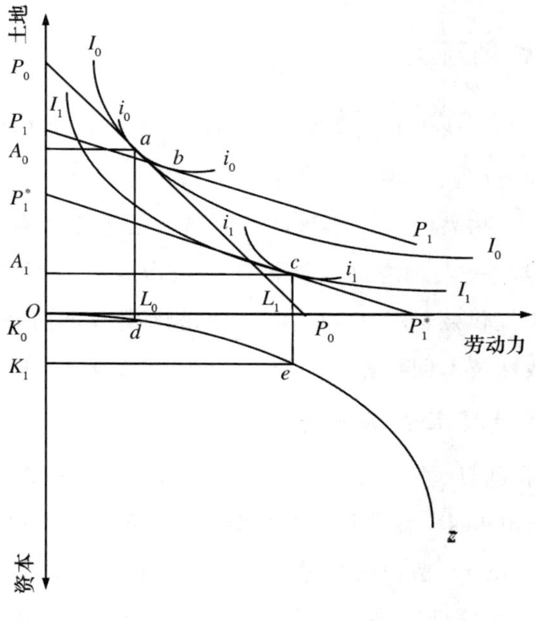

图 2-7　诱致性技术创新过程

力，由此导致技术水平从 i_0 移动到 i_1。诱致性技术创新过程并不能够对相对价格变动做出平稳的调整。该动态过程中出现的不均衡和不平衡现象正是诱导技术变革的关键因素。诱致性技术创新过程是一个农业长期生产函数的假说，该长期生产函数描述了所有可能的农业技术选择。提高农业生产力的前提是要有能力适应新的因素和新的商品价格变化，这不仅是在一个特定的生产层面上进行的，而是要创造出与新物价系统相匹配的生产方式。

（二）诱致性制度创新理论

新古典框架中忽略了制度与发展之间的互动关系，制度对发展的程度和过程产生一定的影响，而发展也往往会引起制度变化（林毅夫，2000）。Davis和 North（1970）将诱致性制度创新理论描述为：现行制度安排通过类似契约关系的修改或市场与非市场活动之间界限的改变等形式发生改变、替代或衍生。速水佑次郎在延承了 Davis 和 North 的观点上于 1985 年正式提出了诱致性制度创新理论概念，该理论是由诱致性技术与制度革新相融合而形成的，由于相对资源禀赋和技术进步的变动，导致了生产要素的边际效益与边际成本的不一致引发诱致性制度创新，其目的在于构建新的要素市场平衡。但是，如图 2-7 所示，基于要素的相对价格和可能的创新变化，生产者可以充分预测到整个变化的变化幅度，并且自发地线性地向一个特定的方向运动，这是不实际的。即便是在充分合理的前提下，生产者也不能独立地进行技术革新，而要依靠整个社会群体的共同行为。只有在由 b 点向 c 节点的整体收益大于群体行为成本时，诱致性制度创新机制才能够起作用。诱致性制度创新机制并不是总能有效，所以从供给角度对其进行补充和完善是必要。

林毅夫在我国首次将强制性制度变迁理论与诱致性制度变迁相区别。诱致性制度变迁是对现有制度的改变、取代或新的制度结构的形成，即个体或群体自发地倡导、组织和实施，而强制性制度变迁是通过国家法令实施，自发性的制度变迁未必会带来最佳的制度安排，而政府是所有制度安排中最有效的（林毅夫，1991）。

（三）诱致性创新理论对本研究的启发

诱致性创新理论为理解种植户畜禽粪便有机肥施用决策动机和行为逻辑提供了一般化的理论依据：一是有助于从经济理论角度理解种植户畜禽粪便

有机肥选择的行为逻辑。资源要素稀缺程度的改变将导致农户选择充足、低廉、简单的要素来替代昂贵而复杂的资源。种植户的初始禀赋是造成其技术感知、技术选择偏好和技术接受程度不同的原因，从而推动其农业投入结构发生改变。这为本书所借鉴，用于分析种植户畜禽粪便有机肥料的选择与采纳行为逻辑，即充分考虑种植户家庭初始资源禀赋约束条件，界定不同肥料推广技术属性，并考察推广有机肥替代化肥施用的作用机理。二是有助于揭示种植户畜禽粪便有机肥施用的引导机制。种植户畜禽粪便有机肥施用决策是种植户基于提升农业资源利用率效率、增加农业经济效益、改善农业生产环境等目的的农业技术采纳行为，对于改造“以高化肥投入带来高产出”的传统农业模式具有一定的积极作用。要促使种植户接受畜禽粪便有机肥施用模式，就必须首先提高该模式的技术可得性、技术可用性与技术营利性。

第三节　种植户畜禽粪便有机肥施用行为研究理论框架

一、畜禽粪便有机肥施用的行为内涵

种植户畜禽粪便有机肥施用行为实质是一种农户技术选择行为，也就是种植户对畜禽粪便有机肥技术的选择行为，本书中技术选择行为就是畜禽粪便有机肥技术选择主体行为的决策取向，即各主体参与畜禽粪便有机肥技术的决策行为，包括技术选择的原因、方式、路径及效益。

农业技术的本质是农业生产要素投入组合，农业技术选择引起农业生产要素组合结构发生变化，不同农业生产要素配置组合改变农业生产产出，即农业技术选择可以实现农业生产投入与产出之间的转换。技术选择理论提出个体技术选择行为具有趋利性和风险规避性特点。同时，诱致性技术创新理论提出要素的稀缺程度和相对价值的波动以及技术使用者的投入收益和有效的市场需求等因素均会导致农户的技术选择发生改变；要素比较收益技术诱导理论提出，在要素市场不完善的情况下，农户往往会依据可取得的短期相

对利益来进行技术决策；诱致性制度创新理论提出，制度变革对农业技术选择具有重要影响。

通过整合上述理论研究基础，本书提出种植户畜禽粪便有机肥施用行为的概念界定：种植户在受到肥料决策行为的市场需求与利润回报的驱动下，结合自身趋利性和风险规避态度形成技术选择意愿，基于有限信息、资源禀赋、政策制度及社会环境等条件约束及引导，对其肥料投入进行配置调整，满足其收益最大化需求的决策行为。

需要强调的是，肥料技术选择具有多元性特征，肥料技术众多，其中畜禽粪便有机肥施用技术包括商品有机肥施用技术和粪肥施用技术，种植户既可以独立选择个别技术，也可以选择多种技术集成使用。有机肥料和无机肥料都是作物生长过程中必不可少的重要的养分来源，有机肥料和无机肥料的配合施用，才能充分发挥肥料的增产潜力，达到高产和培肥土壤的双重功效。种植户畜禽粪便有机肥施用虽然在一定程度上会替代化肥施用，但替代决策主要体现在投入组合配置的变化，并不存在绝对的替代。

二、畜禽粪便有机肥施用的行为逻辑

种植户对畜禽粪便有机肥的选择受到内生经济因素的诱导，同时受到自身资源禀赋水平、风险偏好、肥料技术认知等内在条件以及外部政策环境、经济环境、社会环境等条件的制约与激励。种植户对畜禽粪便有机肥的施用决策是在将自身技术需求与偏好技术要求相匹配的过程。

种植户畜禽粪便有机肥施用决策分为3个步骤（图2-8）：首先，种植户基于趋利性目标，综合考虑肥料（化肥、商品有机肥、粪肥）相对价格和相应肥料技术施用的市场需求和投资回报形成畜禽粪便有机肥施用的内生经济动力；其次，受到外部政策环境、经济环境、社会环境等激励（或规制）形成畜禽粪便有机肥施用行为的外部驱动（约束）力量，本书主要聚焦外部激励措施，在内生经济动力与外部环境驱动的结合作用下，种植户形成畜禽粪便有机肥施用的选择偏好；最后，种植户通过审视自身禀赋条件、风险规避态度及肥料认知基础做出理性决策，即选择满足自身需求偏好且自身条件符合技术属性要求的肥料技术。

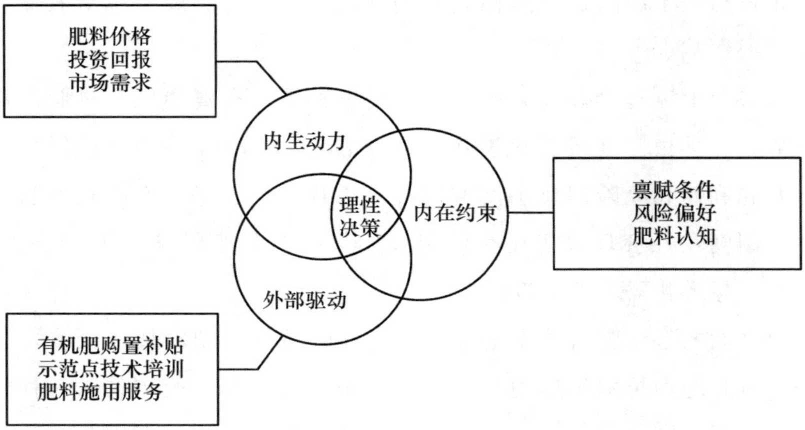

图 2-8　种植户畜禽粪便有机肥施用决策步骤

经济效益是种植户畜禽粪便有机肥施用决策的内生力量。农户生产行为的目的是获得利润最大化。农户的生产投入会综合肥料价格、肥料组合投资回报、产品市场行情，做出能够实现其利润最大化目标的理性肥料施用决策。肥料间的相对价格影响肥料施用量，进而影响肥料投入配置组合，当两种不同肥料间存在互补关系时，则一种肥料价格的上升会引起另一种价格提高，当两种不同肥料间存在替补关系时，则一种肥料价格的上升会引起另一种价格降低，肥料自身价格与其施用量成反比关系。种植户主要从采用该肥料组合投入所需的成本和所带来的产出效益衡量不同肥料组合的投资回报，即一是采用该肥料组合对资本和劳动力的投入需求符合种植户资本、劳动力禀赋水平；二是当采用后的产出效益大于投入，种植户倾向于采用该肥料组合。市场行情也是影响种植户肥料投入决策的重要因素。随着市场经济的发展，农产品的生产和经营都已经融入市场经济的范畴之中，市场价格与规模对农业生产起到决定性的作用，新技术并不一定就能给农户带来市场利益，但对新技术的选择，必须要对市场发展抱有足够的信心，农户会偏向选择符合市场需求的新技术。作物产品的价格、消费者的偏好等市场信号是种植户生产决策的重要依据。

外部激励是种植户畜禽粪便有机肥施用决策的外在驱动。中国小农户的社会地位、经济收入都处于低位，思想保守，不能独立承担风险，他们既希望通过采纳新技术实现经济利益增长，但同时也害怕新技术不能实现理想目标，徒增技术投入成本。在此背景下，若政府不加大对新技术的财政投资，农户新技术采纳的积极性就会更低。外在激励环境是指以外部情境为诱因的方式，促进种植户施用畜禽粪便有机肥，外部激励措施主要通过风险规避和利益驱动两个途径，促使种植户形成内在长效机制，进而增进畜禽粪便有机肥施用行为。种植户畜禽粪便有机肥施用的目的是配合化肥施用，实现肥料科学化利用，达到节本增效的目的。2021 年，农业农村部联合国家发展改革委、科技部、自然资源部和国家林草局发布《“十四五”全国农业绿色发展规划》，强调要推进化肥减量增效：一是技术集成驱动，在粮食主产区、园艺作物优势产区和设施蔬菜集中产区，示范推广缓释肥、水溶肥等新型肥料，改进施肥方式；二是有机肥替代推动，以果菜茶优势区为重点，推动粪肥还田利用，减少化肥用量，在更大范围推进有机肥替代化肥；三是新型经营主体带动，培育扶持一批专业化服务组织，开展肥料统配统施社会化服务。从该文件内容中政府营造的外部激励环境可以看出：田间肥料技术培训、商品有机肥购置补贴及提供肥料施用服务是推进畜禽粪便有机肥还田利用，实现化肥减量增效的重点激励措施。

种植户禀赋是种植户畜禽粪便有机肥施用决策的内在制约。种植户需要通过自身土地、资本和劳动力的禀赋条件来选择相对应的农业技术，土地、资本和劳动力禀赋条件发生变化时，种植户技术选择偏好也会随之发生改变。不同类型的农户，因其种植类型和兼业程度的差异，使其初始资本拥有的条件也存在差异。当种植面积一定时，农户资金与劳动力之间的相对匮乏程度，决定了他们在肥料上的投入选择。当种植户受到资本禀赋约束时，将更偏向于节资型的肥料投入组合；当种植户受到劳动力禀赋约束时，将倾向于选择节劳型的肥料投入组合。风险规避态度是种植户对待产出不确定性的态度。风险规避型种植户更在意生产经营损失，所以更倾向于控险型的肥料技术组合；风险偏好型种植户趋利性更强，愿意承受损失风险以获取更高的收益，所以其更倾向于能够带来更高收益的肥料技术组合。同时，种植户禀赋条件不仅直接约束种植户肥料施用行为，同时还通过调节外部激励作用间接影响种植户的肥料施用决策。种植户对外部激励的接受度取决于内在认知因素和偏好因素。技术属性是影响技术扩散的重要因素，同一种植户会基于不同技术属性形成相对技术偏好，而不同种植户也会因为对技术属性的感知不同，形成差异性的技术选择决策。

技术认知是种植户畜禽粪便有机肥施用决策的内在动力。施肥技术认知是农户根据自己的直接或间接的使用经验，了解到各种肥料技术属性。肥料技术属性是指不同肥料对生产禀赋的需求及施用功效。化肥、商品有机肥、粪肥是苹果、玉米种植户主要施用的肥料，种植户对化肥和粪肥的施用方法和功效十分了解，对商品有机肥的认识不足，我国商品有机肥发展较晚，推广程度较低，技术规范不健全，市场发展不够成熟，使农户使用商品有机肥更加困难。同时，技术认知也是外部激励作用于种植户施用决策的中间传导变量。种植者的行为决策不是单纯地受内在影响或外在刺激，而是个体内在需求和环境的交互影响结果。

三、畜禽粪便有机肥施用的经济效应

当考虑畜禽粪便有机肥施用的环境效应时，假定种植户施用化肥的污染物排放量为 $q_1=q_1(x_1,z_i,v)$，种植户化肥施用量为 x_1，种植户施用畜禽粪便有机肥的产生社会效益函数为 $q_2=q_2(x_2,z_i,u)$，x_2 为畜禽粪便有机肥用量，z_i 为其他要素投入，农户所处的农业生产环境是具有随机性的，肥料施用对环境的影响不能直接观察到，本部分引入随机误差项 v 和 u，q_1 是关于化肥用量的增函数，q_2 是关于畜禽粪便有机肥用量的增函数。假定单位化肥、畜禽粪便有机肥施用产生的污染物带来的社会成本为 c_1、c_2，设种植户生产函数为 $f(x_1,x_2,z_i)$，则种植户施用化肥和畜禽粪便有机肥的利润为：

$$\pi = p_0 f(x_1,x_2,z_i) - p_1 x_1 - p_2 x_2 - p_z z_i - c_1 q_1(x_1,z_i,v) + c_2 q_2(x_2,z_i,u) \quad (2\text{-}1)$$

其中：p_0 为农产品价格，p_1 为化肥价格，p_2 为畜禽粪便有机肥价格，p_z 为其他要素价格。

种植户化肥和畜禽粪便有机肥的最优用量可由下面式子联立求得：

$$\partial\pi/\partial x_1 = p_0 \partial f(x_1,x_2,z_i)/\partial x_1 - p_1 - c_1 \partial q_1(x_1,z_i,v)/\partial x_1 \quad (2\text{-}2)$$

$$\partial\pi/\partial x_2 = p_0 \partial f(x_1,x_2,z_i)/\partial x_2 - p_2 - c_2 \partial q_2(x_2,z_i,u)/\partial x_2 \quad (2\text{-}3)$$

解得化肥和畜禽粪便有机肥的最优用量分别为：

$$x_1 = \beta_1 p_0 f(x_1, x_2, z_i)/(p_1 + c_1 \partial q_1(x_1, z_i, v)/\partial x_1) \tag{2-4}$$

$$x_2 = \beta_2 p_0 f(x_1, x_2, z_i)/(p_2 - c_2 \partial q_2(x_2, z_i, u)/\partial x_2) \tag{2-5}$$

当不考虑畜禽粪便有机肥施用的环境效应时，种植户在施用畜禽粪便有机肥时，利润最大化仍是生产目的，设种植户化肥、畜禽粪便有机肥投入分别为 x_1 和 x_2，其他生产要素投入为 z_i，则种植户生产利润为：

$$\pi = p_0 f(x_1, x_2, z_i) - p_1 x_1 - p_2 x_2 - p_z z_i \tag{2-6}$$

其中：p_0 为农产品价格，p_1 为化肥价格，p_2 为畜禽粪便有机肥价格，p_z 为其他要素价格。

根据利润最大化原理，化肥和畜禽粪便有机肥的最佳施用量分别为：

$$x_1 = \beta_1 p_0 f(x_1, x_2, z_i)/p_1 \tag{2-7}$$

$$x_2 = \beta_2 p_0 f(x_1, x_2, z_i)/p_2 \tag{2-8}$$

其中：β_1 和 β_2 表示化肥和畜禽粪便有机肥的投入弹性。

比较式（2-4）与式（2-7），考虑环境因素的情况下的种植户最优化肥投入量要小于其不考虑环境因素时；比较式（2-5）与式（2-8），考虑社会因素的情况下的种植户最优畜禽粪便有机肥投入量要大于其不考虑社会因素时；因此提高种植户畜禽粪便有机肥施用效果认知，有助于提高畜禽粪便有机肥施用水平。

用农户行为理论对种植户畜禽粪便有机肥施用决策的经济效益进行解释。如果种植户施用畜禽粪便有机肥料可以增加整体收入，那么他就会采取该技术。反之，则还是按照传统的配置施肥，因此种植户施用畜禽粪便有机肥应该满足下面条件：

$$\pi(x_1, z_i)_{d_1=1} - \pi(x_1, z_i)_{d_1=0} \geqslant 0 \tag{2-9}$$

其中：$\pi(x_1, z_i)_{d_1=1}$ 表示种植户施用畜禽粪便有机肥的净收益，$\pi(x_1, z_i)_{d_1=0}$ 表示按传统方法生产的净收益，当且仅当施用畜禽粪便有机肥可以获利时，种植户才会选择采纳新技术决策。目前，由于畜禽粪便有机肥的价格高，劳动机会成本高，必须采取适当的政策、鼓励措施，以促进农业废弃物的肥料化、有机肥替代部分肥料的生产。

基于上述推理分析可知，经济效益是种植户畜禽粪便有机肥施用决策的重要衡量因素，促进种植户畜禽粪便有机肥施用的不仅是实际经济收益效果，肥料技术认知，即预期收益也同样可以影响种植户畜禽粪便有机肥的施用水平。

四、理论框架

综上理论分析，笔者设计出种植户畜禽粪便有机肥施用决策机制理论分析框架（图 2-9）。同时，提出有待检验的理论结论：外部激励是种植户畜禽粪便有机肥施用决策的外在驱动；经济效益是种植户畜禽粪便有机肥施用决策的内生力量；农户禀赋是其畜禽粪便有机肥施用决策的内在制约，不仅直接约束种植户施用行为，同时还通过调节外部激励作用间接影响种植户施用决策；技术认知是种植户畜禽粪便有机肥施用决策的内在动力，同时也是外部激励作用于种植户施用决策的中介变量。

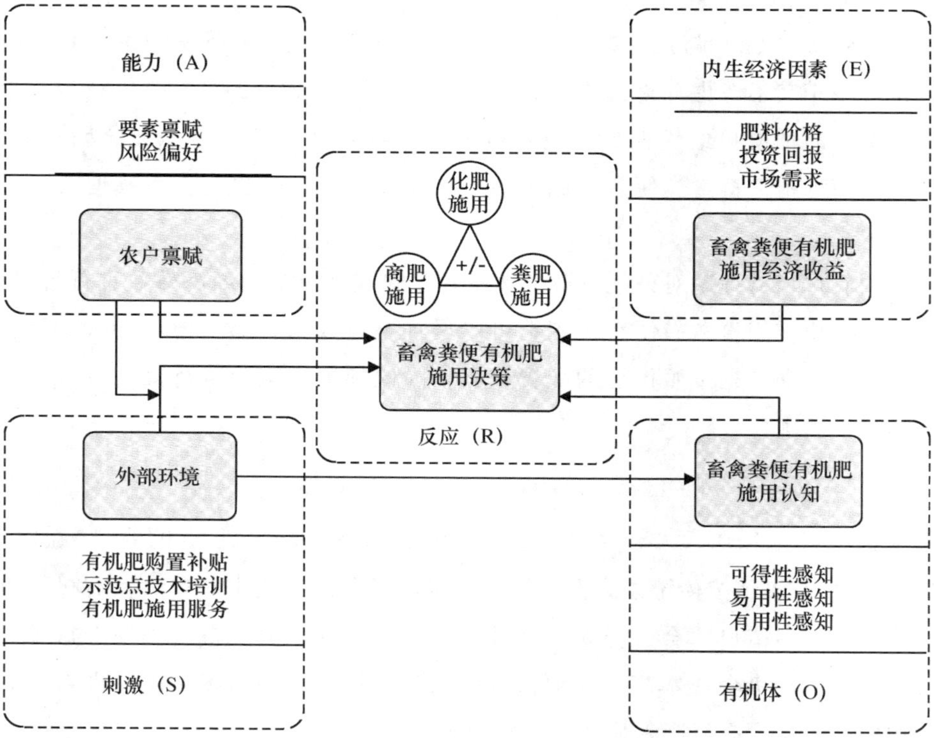

图 2-9　种植户畜禽粪便有机肥施用决策机制理论分析框架

本章小结

本章对农户行为理论、行为经济学相关理论、技术扩散理论及诱致性创新理论进行了梳理归纳。农户行为理论有助于辨析农户行为特征及其技术选择偏向根本；行为经济学相关理论有助于剖析种植户畜禽粪便有机肥施用的行为逻辑；技术扩散理论有助于理解和界定农业技术属性特征，同时有助于厘清技术推广对种植户畜禽粪便有机肥施用行为的作用机理；诱致性创新理论有助于揭示种植户畜禽粪便有机肥施用的引导机制。基于对理论的归纳思考，本章对种植户畜禽粪便有机肥施用决策概念进行了界定，分析了种植户畜禽粪便有机肥施用决策的行为理论逻辑，刻画了种植户畜禽粪便有机肥施用决策是基于内在动力和外部驱动下形成的畜禽粪便有机肥施用偏好决策和内在约束的限制下作出最终理性决策。同时，提出基于外部激励、经济效益、农户禀赋、技术认知四大关键因素为基础的是种植户畜禽粪便有机肥施用决策机制框架，为后续实证分析提供理论基础。

第三章

种植户畜禽粪便有机肥施用现状

引言：种植户畜禽粪便有机肥施用行为并不是新兴事物，其历史可以追溯至西汉时期，粪肥施用于明清时期达到发展鼎盛。随着农业生产目标的转换，畜禽粪肥还田模式逐渐退出人们的视野。基于此，剖析现阶段种植户畜禽粪便有机肥施用驱动机制，首先要先了解当前我国种植户畜禽粪便施用的现实环境情况，本章通过政策梳理、宏观数据统计、微观调研数据整理，全面刻画当前种植户畜禽粪便施用的宏观环境基础和微观环境实际情况，为研究的理论框架构建、数理统计检验提供现实支撑。

第一节 宏观环境基础

一、畜禽粪便有机肥施用的政策环境

畜禽粪便经历了从“污染物”到“资源”的转变。2014 年以前，《中华人民共和国水污染防治法》《畜禽养殖污染防治管理办法》等法律法规文件中均对畜禽粪污治理做出了相应的规范，认为畜禽粪污是一种污染物质，应严格按照农业灌溉用水的要求依规排放，畜禽粪便还田也常被当作是一种环境污染的行为（李晓光等，2008；姜彩红等，2017）。但对于畜禽粪便的地位界定近些年出现了逆转，2014 年发布的《畜禽规模养殖污染防治条例》中明确规定，畜禽粪污经过无害化处理后，在与土地的消纳能力相适应的前提下，可作为肥料还田。2015 年开始，国家开始重点关注农业面源污染，陆续制定出台了一揽子关于促进畜禽粪污资源化利用，加快推进畜禽粪肥还田利用的政策指导方案，主要包括《国务院办公厅关于加快推进畜禽养殖废弃物资源化利用的意见》《开展果菜茶有机肥替代化肥行动方案》《畜禽粪污资源化利用行动方案（2017—2020 年）》《全国畜禽粪污资源化利用整县推进项目工作方案（2018—2020 年）》《2019 年农业农村绿色发展工作要点》《“十四五”全国农业绿色发展规划》等，明确了以畜禽粪便资源化利用为重点，强化粪便收集、运输、处置、堆肥、生产等措施支持，增加有机肥料的供给，促进有机肥增施行为。同时，中央层面出台一系列财税激励政策支持畜禽粪便有机肥增施。2015 年，《到 2020 年化肥使用量零增长行动方案》鼓励和引导农民积造农家肥，施用商品有机肥，加大补贴力度，采用物化补贴的方式，鼓励和引导农民增施有机肥；2017 年起，中央财政连续 3 年安排果菜茶有机肥替代化肥试点项目资金，北京、江苏、上海、浙江等省市也陆续出台有机肥施用财政支持政策，对农户施用商品有机肥给予 150～480 元/吨的补贴；2018 年农业农村部明确对有机肥生产和施用机械给予奖补，充分发挥农机化对农业可持续发展的支撑作用；2018 年 6 月 1 日，《关于有机肥产品免征增值税的通知》发布，对有机肥产品免征增值税；《2019 年农业农村绿色发展工作要点》

提出继续在苹果、柑橘、设施蔬菜、茶叶优势产区开展果菜茶有机肥替代化肥试点，将试点规模扩大到175个县；2021年，《“十四五”全国农业绿色发展规划》提出大力发展绿色生态养殖，探索有机肥料运输、施用激励机制，促进低成本、机械化、就地就近还田（图3-1）。

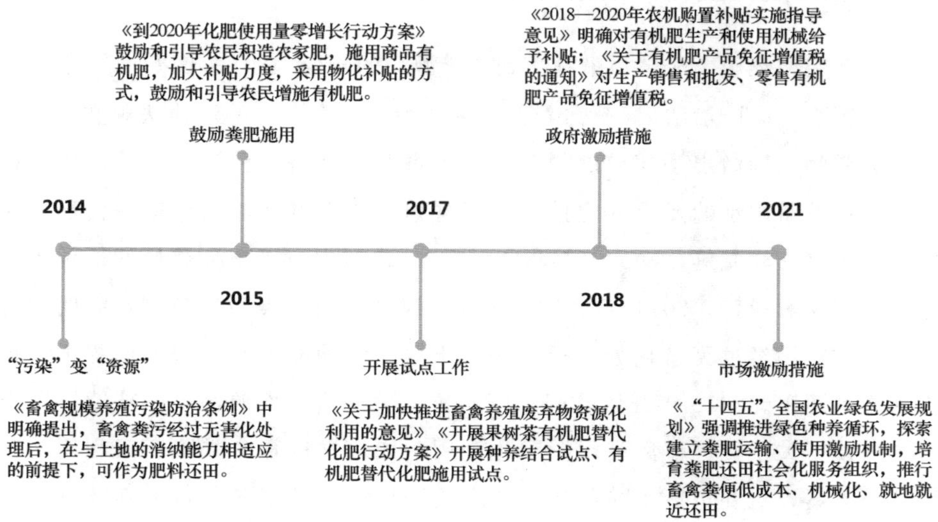

图3-1　畜禽粪便有机肥施用政策发展

二、畜禽粪便有机肥施用的产业环境

（一）畜禽粪便还田利用潜力巨大

随着我国畜牧业的迅速发展，规模化和集约化养殖规模不断扩大，畜禽粪便排放量显著增加（刘晓永等，2019），对生态环境造成了严重威胁。1980年以来，我国每年畜禽粪便资源总量快速稳步增长，2016年我国畜禽粪便养分资源总量约为4 710万吨，将这些养分资源做折纯估算，发现畜禽粪便中的养分含量分别占当年氮磷钾元素施用量比例为49.10%、138.20%、381.10%，可见畜禽粪便还田利用潜力巨大（石晓晓等，2021）。农业农村部《到2020年化肥使用量零增长行动方案》（农农发〔2015〕2号）中指出，目前我国有机肥资源营养含量已超过7 000万吨，但能够有效利用的不足3 000万吨，而且畜禽粪便还田率也不及50%，畜禽粪便肥料化利用仍有很大的发展空间。

（二）种养区域布局、规模不匹配

种养结合是实现畜禽粪便资源化利用、减少养殖污染的重要途径（孟祥海等，2018），通过还田的方式可以最大限度地将畜禽粪污消纳处理（张郁等，2015）。随着畜禽养殖规模化水平的大幅提升，畜禽粪便产生量大且相对集中，周边缺乏足够的配套耕地来消纳（辛翔飞和王济民，2019）。经过畜禽粪便有机肥供需测算发现，我国果蔬茶种植所需的有机肥数量仅占商品有机肥供给潜能的60%左右，同时说明仍有一部分畜禽粪便肥料化资源需要大田作物生产来消纳（姜茜等，2018）。

随着养殖规模化、集约化的不断发展，畜禽养殖与作物种植主体在空间上逐渐分离。以存栏规模超过500头的大规模猪场为例，该规模类型养殖场占比从1998年的8%逐年攀升，增至2017年的47%，而存栏规模超过50头的规模养殖场占比也从1998年的23%增至2017年的75%（图3-2），养殖规模日益扩大。而我国种植业经营主体规模长期以来都保持着以小农为主的状态，根据第三次全国农业普查资料显示，截至2016年底，我国农户户均耕地面积约为9.8亩，经营规模在50亩以下的农户占比为97%左右。种养区域布局和规模不匹配阻碍了畜禽粪便肥料化利用（仇焕广等，2012）。全国农村固定观察点的农户调查数据显示，我国种养业相结合的农户比例从1986年的71.24%大幅下降到2017年的12.15%，专业从事种植经营的农户比例从25.60%增加到56.63%，专业从事养殖经营的农户比例保持在5.49%左右，还有一大批农户已完全退出种养殖农业生产（Jin S等，2020），并且在为数不多的种养结合户中，有1/3农户的养殖量已经超过了其农田的粪污承载力（胡钰等，2021）。

（三）有机肥生产企业小且杂

有机肥料虽然有着悠久的施用历史，但一直以来由于缺少科学的有机肥加工工艺技术和产品质量把控措施，导致有机肥在施用过程中存在肥力利用率低、污染环境等问题，严重影响了其在规模化农业生产中的应用，当前中小企业仍是有机肥料生产的主体。2002年，有机肥行业标准NY 525—2002正式发布，标准有机肥进入流通领域，市场需求量不断扩大，产品种类丰富多样，市场份额逐年递增。据行业统计数据显示，2016—2020年，我国有机

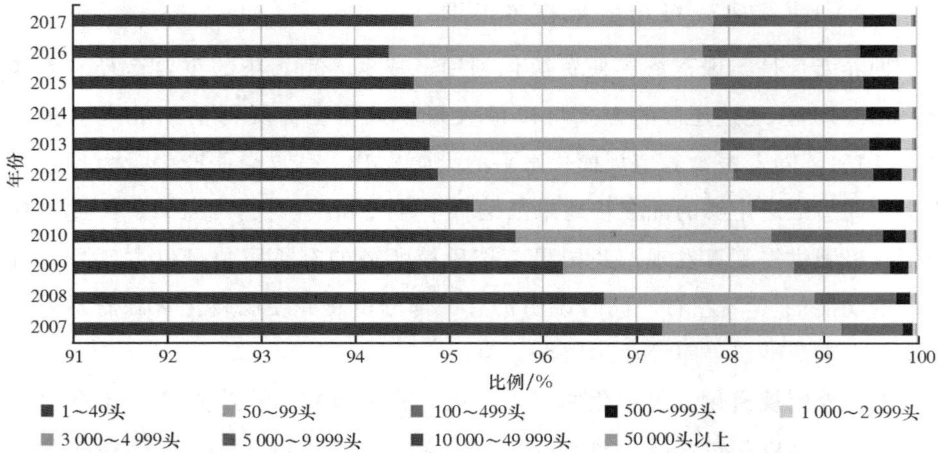

图 3-2　2007—2017 年中国生猪养殖规模化水平变化

数据来源：《全国农产品成本收益汇编》整理

肥市场规模增长幅度为 50.29%（图 3-3）。有机肥企业多数集中在经济发达地区和有机肥原料资源丰富地区，广东、江苏、辽宁、河北、山东这 5 个省的商品有机肥料企业数量占全国商品有机肥料生产企业数量的一半以上（翟超，2018）。据农业农村部全国农业技术推广服务中心统计，目前全国规模有机肥生产企业有 2 282 家，以中小型企业为主（图 3-4），产能在 10 万吨/年以上的企业数量仅占 3%。有机肥企业肥料计划产能为 3 482 万吨/年，但实际肥料年产量仅为 1 630 万吨/年，加工企业产能发挥率不足一半。

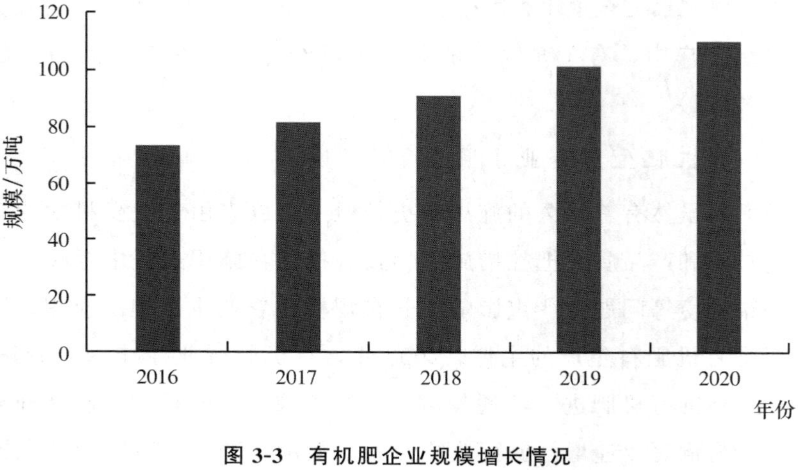

图 3-3　有机肥企业规模增长情况

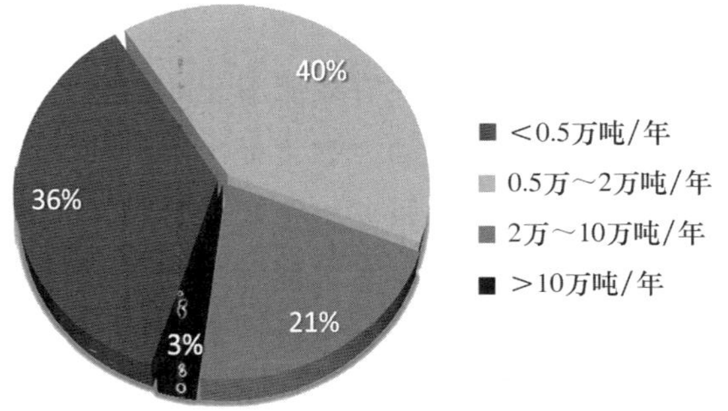

图 3-4 不同产能的有机肥企业数量分布

（四）畜禽粪便有机肥生产、处理规范性差

畜禽养殖业规模化、集约化发展，大量饲料添加剂及抗生素类药物的使用，致使畜禽粪便加工而成的商品有机肥料重金属含量、抗生素残留量明显较高，我国部分城市畜禽粪便中重金属含量甚至已经超过了国家标准（贾武霞等，2016）。

现阶段的商品有机肥的生产中，有机-无机复混肥有国家标准（GB/T 18877—2020），但有机肥料仍仅是行业标准，但在该标准中都没有类似腐熟度等具体的质量衡量指标要求①，同时有机肥料中的氮磷钾养分含量比例并不明确，种植户无法在施用有机肥料时进行精准施肥。调查访谈中发现，一些厂家对有机肥料缺乏基本的技术素养，将自然晾干的粪肥直接销售，这样未经加工处理的有机肥料不仅会对土壤环境造成严重威胁，同时劣质商品有机肥会严重损害农户使用的积极性，不利于畜禽粪便资源化利用的开展。堆肥处理是畜禽粪便肥料化利用最广泛且有效的利用模式，堆肥是将畜禽粪便与生物菌剂等原料搅拌在一起，在足够大的场地上进行堆沤，利用内部高温发酵生产低浓度的简易粪肥，但是简易堆肥的质量标准也严重缺失。目前我国的有机肥管理规范中仅涉及了商品有机肥料的内容，并未涉及相应的堆肥生产做出相关要求，标准缺失意味着质量没有保障，所以堆沤粪肥在种养结合的流通中存在质疑和环境安全隐患。

---

① 农业农村部第 424 号公告发布《有机肥料》（NY/T 525—2021）农业行业标准，自 2021 年 6 月 1 日起实施，新修订的《有机肥料》农业行业标准增加了产品腐熟度等安全性指标，明确了有机肥料生产原料分类管理目录，细化了包装标识等内容。

（五）社会化服务体系不健全

种养殖主体分离是制约畜禽粪便有效肥料化还田利用的关键，经营主体分离使得畜禽粪便的施用对农业劳动力数量提出了更高程度的要求，让许多种植户望而止步，而第三方社会化服务组织是链接种养主体合作、推进畜禽粪便肥料化利用的关键。近年来，国家对畜禽粪便还田利用的支持政策逐渐聚焦社会化服务组织，但支持力度远远不够，促进机制也缺乏可持续性。目前我国社会化服务组织仍旧处于规模小、数量少、服务内容有限、服务模式单一、服务能力不足的初级发展阶段，尚不能形成可复制、可推广的养殖场、服务组织和种植主体紧密衔接的绿色循环农业发展模式。

三、畜禽粪便有机肥施用的社会环境

（一）农村劳动力短缺化、老龄化

改革开放以来，农村劳动力转移是我国农业领域的重要变革。1978 年，乡村劳动力数量为 3.06 亿人，务农劳动力比重为 92.43%；2020 年，乡村劳动力数量为 2.88 亿人（表 3-1），务农劳动力比重降至 61.53%。总体来说，务农劳动力比重在不断下滑（图 3-5），四十余年来，累计有 3 亿人左右的农村劳动力向非农产业转移，是国家经济发展和现代化建设的重要支撑力量（任桂娟和张晓莉，2019）。

表 3-1　乡村劳动力数量变化　　万人

年份	乡村劳动力数量	务农劳动力数量	非农就业劳动力数	年份	乡村劳动力数量	务农劳动力数量	非农就业劳动力数
1978	30638	28318	2320	1996	49028	34820	14208
1980	31836	29122	2714	1997	49039	34840	14199
1985	37065	31130	5935	1998	49021	35177	13844
1990	47708	38914	8794	1999	48982	35768	13214
1991	48026	39098	8928	2000	48934	36043	12891
1992	48291	38699	9592	2001	48674	36399	12275
1993	48546	37680	10866	2002	48121	36640	11481
1994	48802	36628	12174	2003	47506	36204	11302
1995	49025	35530	13495	2004	46971	34830	12141

续表 3-1

年份	乡村劳动力数量	务农劳动力数量	非农就业劳动力数	年份	乡村劳动力数量	务农劳动力数量	非农就业劳动力数
2005	46258	33442	12816	2013	37774	23838	13936
2006	45348	31941	13407	2014	36646	22372	14274
2007	44368	30731	13637	2015	35404	21418	13986
2008	43461	29923	13538	2016	34194	20908	13286
2009	42506	28890	13616	2017	32850	20295	12555
2010	41418	27931	13487	2018	31490	19515	11975
2011	40193	26472	13721	2019	30198	18652	11546
2012	38967	25535	13432	2020	28793	17715	11078

数据来源：《中国农村统计年鉴 2021》

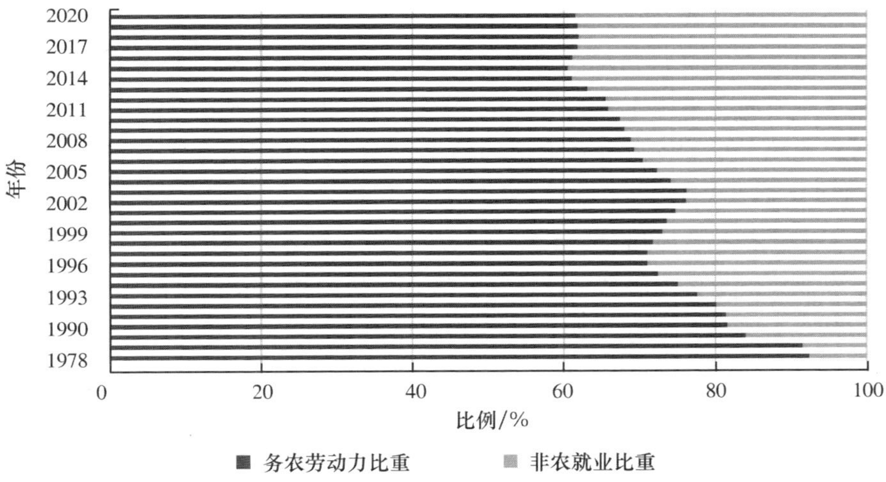

图 3-5　乡村劳动力结构变化

数据来源：《中国农村统计年鉴 2021》

通过 3 次农业普查农业劳动力年龄分布数据，可见农业劳动力老龄化趋势显著（表 3-2）。全国第一次农业普查数据显示，截至 1996 年，我国劳动力年龄结构的分布主要集中在 26～35 岁之间，51 岁以上农业劳动力占比为 18.11%；全国第二次农业普查数据显示，截至 2006 年，我国 30 岁以下的农业劳动力占比不足 20%，51 岁以上农业劳动力占比为 32.50%；全国第三次农业普查数据显示，截至 2016 年，我国 35 岁以下的农业劳动力占比不足 20%，55 岁以上农业劳动力占比为 33.58%。

表 3-2　农业劳动力年龄构成

全国第一次农业普查			全国第二次农业普查			全国第三次农业普查		
年龄段	人口数/万人	占比/%	年龄段	人口数/万人	占比/%	年龄段	人口数/万人	占比/%
25 岁以下	12782	24.63	20 岁以下	1815	5.30	35 岁以下	6023	19.17
26～35 岁	14904	28.72	21～30 岁	5103	14.90	36～54 岁	14848	47.25
36～45 岁	10410	20.07	31～40 岁	8288	24.20	55 岁及以上	10551	33.58
46～50 岁	4396	8.47	41～50 岁	7911	23.10			
51 岁以上	9398	18.11	51 岁以上	11130	32.50			
合计	51890	100	合计	34247	100	合计	31422	100

数据来源：全国农业普查数据。全国第一次农业普查数据标准时点为 1996 年 12 月 31 日；第二次农业普查数据标准时点为 2006 年 12 月 31 日；全国第三次农业普查数据标准时点为 2016 年 12 月 31 日。

（二）新型经营主体是种养殖业中坚力量

2006 年以来，我国耕地流转规模不断加大，经济发展日趋活跃，农业经营单位等新型经营主体蓬勃发展。第三次全国农业普查显示，2016 年末，全国规模农业经营户 398 万户，农业经营单位 204 万个，农业经营单位数量较 10 年前增长 417.4%。

近年来，各级政府出台支持政策，加大资金投入，鼓励社会力量积极参与新型农业经营主体和服务主体培育发展，加快构建以农户家庭经营为基础、合作与联合为纽带、社会化服务为支撑的立体式复合型现代农业经营体系。截至 2018 年底，全国家庭农场达到近 60 万家，其中县级以上示范家庭农场达 8.3 万家。全国依法登记的农民合作社数量达到 217.3 万家，是 2012 年底的 3 倍多，其中县级以上示范社达 18 多万家。全国从事农业生产托管的社会化服务组织数量达到 37 万个。各类新型农业经营主体和服务主体快速发展，总量超过 300 万家，成为推动现代农业发展的重要力量。

伴随农业生产经营单位等新型经营主体数量的增加，我国农业生产向规模化和专业化方向发展。第三次全国农业普查显示，规模农业经营户和农业生产经营单位实际耕种的耕地面积占全国实际耕种的耕地面积的 28.6%；规模农业经营户和农业生产经营单位的生猪和禽类存栏量分别占全国的 62.9% 和 73.9%。

（三）农产品生产向“提质化”发展

政府政策已经不单单追求数量发展，而是逐渐要求数量、质量双提升。

2002 年质量安全首次出现在中央农村工作会议文件中以来，农产品数量安全与质量安全基本会在同一工作目标中被统筹考量，体现出两者在农产品质量安全的发展需求方面具有同等价值取向，农产品质量安全内部协调是农业要素投入管制的重要关注问题。农业投入要素对农产品质量安全的作用毋庸置疑。进入 21 世纪，我国的粮食产量不断实现连增，粮食自给率不断提高，保障食品供应的压力得到了稍许缓解。在数量稳定的情况下，质量要求逐渐升级，肥料投入配置组合也不断优化，主要表现在：化肥施用精细化、专业化、复合化、高浓度化、高效能化特征显著；测土配方肥料、有机肥料配合增施受到大力推崇，可持续农业生产方式受到关注。施肥方法上，由挖坑、抛撒、穴施等传统繁重的施肥方法向机械施肥、随水冲施、叶面喷施、树干注射等精细化方法推进，由以化肥为主的单一施肥模式逐渐过渡到以养分平衡为导向的科学管理生产方式。

四、畜禽粪便有机肥施用的实践环境

（一）耕地有机质严重缺乏

我国人均耕地资源占有量低，优质耕地资源量少，随着经济社会的发展，长期不合理开发和过度耕作，土地地力损伤严重，后备耕地资源总量及质量均在不同程度上下降（韦羡侠等，2020），耕地产能及其可持续发展受到威胁（张一鸣，2014）。我国耕地有机质含量远低于欧洲国家，其中土壤有机质含量不足 1%的耕地面积占总量的近 1/3。根据全国耕地质量等级情况公报数据显示，我国高产田面积为 0.31 亿公顷，占比不足 30%，大部分耕地质量为中低产田，中低产田面积占比超过 70%（沈仁芳等，2018）。

（二）有机肥施用处于低水平状态

全国农技推广中心统计数据显示，在我国农户的肥料施用结构中，有机肥施用比例从 1949 年的 99.9%逐年下降至 2015 年的 30%左右。而世界其他地区的种植农户，如加拿大、德国、英国、澳大利亚，有机肥施用占比均可达到 60%左右，远高于中国种植农户（王紫艳，2020）。全国农产品成本收益汇编数据统计显示，从投入费用来看，大部分作物施用的化肥成本远高于农家肥成本，2020 年苹果每亩化肥费与农家肥费投入比为 2.30，玉米每亩化肥费与农家肥费投入比为10.07。同时，苹果种植化肥与农家肥的投入成本比例在逐渐加大，而玉米种植化肥与农家肥的投入成本比例在逐渐减小，一定程度说明有机肥替代化肥具有降本空间，玉米种植的降本空间更大些（表3-3）。

表3-3　苹果、玉米种植肥料投入比例

年份	玉米种植			苹果种植		
	化肥/(元/亩)	农家肥/(元/亩)	化肥:农家肥	化肥/(元/亩)	农家肥/(元/亩)	化肥:农家肥
2020	139.84	13.89	10.07	485.84	210.98	2.30
2018	137.53	13.06	10.53	454.12	206.06	2.20
2017	129.01	13.97	9.23	441.01	196.71	2.24
2016	126.05	12.47	10.11	453.44	205.82	2.20
2014	130.49	11.21	11.64	508.56	261.16	1.95

数据来源:2015—2021年《全国农产品成本收益汇编》

同时,不同的耕地种植利用方式所产生的经济收益不同,这在很大程度上决定了土壤肥力的管理水平。根据北京市土肥站资料数据显示,2020年北京市土壤肥力从高到低依次为设施菜田(89.7)、露地菜田(76.4)和粮田(64.0),设施菜田和露地菜田的土壤养分较高,粮田土壤养分含量偏低,这是因为农户一般更倾向于对收益水平高的作物投入更多的养分资源。

根据农业农村部最新的典型地块调查统计数据显示,施用畜禽粪便有机肥的地块中,粮食作物田块占比为19.10%,经济作物田块占比为36.90%,其中,花卉、果树的有机肥施用比例均大于50%。由此可知,经济作物种植户比大田作物种植户的畜禽粪便施用需求更高,行动力更强。

(三)有机肥施用不具有便利性

畜禽粪便有机肥由于其体积大、养分含量低导致其生产成本高、运输极其不便,而这两个因素则是造成种植户畜禽粪便有机肥施用积极性不高、意愿无法有效转换为行为的重要原因。成本方面,同样规模的玉米种植,若对其投入相同养分量,施用化肥的亩均成本约为120元,而施用商品有机肥则需要至少500元;便利性方面,同等养分量投入对比下,粪肥施用量是化肥施用量的20倍,目前,粪肥施用还停留在人工施肥阶段,缺乏相应的机械设施,人工施用粪肥不仅生产效率低,且进一步显著增长了人工成本,对于大部分山地种植的经济作物,粪肥施用运输难度成倍增加(胡钰等,2021)。

第二节　样本数据描述

一、畜禽粪便有机肥施用主体特征

总体样本中（表 3-4），男性受访者居多，占样本总量的 70.32%，说明调研区域的家庭种植经营决策者多为男性；年龄在 35～65 岁之间的生产者占比为 87.87%，说明调研样本年龄结构较为合理。

（一）受教育水平整体偏低

种植户家庭生产经营决策者为高中及以上文化水平的样本数占总样本的 13.96%，绝大部分受访者为小学及以下学历，这与目前我国种植农户整体受教育水平不高的现状相符。分区域样本中，北京市种植户受教育水平整体优于天津市、河北省，分作物类型样本中，玉米种植户受教育水平低于苹果种植户。

（二）小规模种植是生产常态

种植户家庭种植面积集中在 2～8 亩范围内，占比达 59.26%，说明所调研区域种植规模仍以小规模为主。北京市种植户家庭种植面积相对小于天津市、河北省。

（三）兼业化成为农户经营特征

家庭非农收入占比为 30%及以上的种植户比例达 61.78%，在一定程度上体现了农民兼业化现状。分作物类型样本中，苹果种植户家庭非农收入占比显著少于玉米种植户，说明经济作物的种植专业化特征更为显著。

（四）务农劳动力明显不足

种植户家庭农业劳动力数量均值为 1.86 人/户，具有 5 人以上的农业劳动力家庭占比仅为 4.81%，大部分家庭的农业劳动力数量为 2～3 人。分样本分布情况与总样本分布情况大致相同，说明样本的选取较为均衡，具有一定的稳定性。

表 3-4　种植户决策者个体及家庭基本特征　%

统计变量	总体	北京	天津	河北	苹果	玉米
性别						
男	70.32	55.66	80.81	69.18	66.39	75.38
女	29.68	44.34	19.19	30.82	33.61	24.62
年龄						
35 岁以下	2.06	1.89	2.33	1.89	1.68	2.51
35～50 岁	20.37	27.36	22.67	13.21	22.69	17.59
51～65 岁	56.29	57.55	52.91	59.12	60.08	51.76
65 岁以上	21.28	13.20	22.09	25.78	15.55	28.14
受教育水平						
小学及以下	48.28	31.13	33.14	50.94	34.03	45.23
初中	37.76	43.40	51.74	44.03	50.00	43.22
高中及以上	13.96	25.47	15.12	5.03	15.97	11.55
家庭种植面积						
小于 2 亩	7.78	13.21	7.56	4.40	7.98	7.54
2～5 亩	30.66	36.79	22.67	35.22	31.93	29.15
5.1～8 亩	28.61	25.47	29.07	30.19	24.37	33.67
8.1～10 亩	13.27	11.32	13.95	13.84	13.45	13.07
10 亩以上	19.68	13.21	26.75	16.35	22.27	16.57
家庭非农收入占总收入的比例						
30%以下	38.22	41.51	35.47	38.99	40.76	35.18
30%～60%	28.38	28.30	19.19	38.36	36.55	18.59
61%～90%	27.92	19.81	40.69	19.51	19.75	37.69
90%以上	5.48	10.38	4.65	3.14	2.94	8.54
家庭农业劳动力数量						
1 人及以下	34.10	34.91	30.81	37.10	32.35	36.18
2～3 人	53.77	54.72	57.56	49.06	55.05	52.26
4～5 人	7.32	4.71	8.72	7.55	7.14	7.54
5 人以上	4.81	5.66	2.91	6.29	5.46	4.02

数据来源：调研数据统计

(五)肥料认知基础相对良好

由图 3-6 可知，优化作物品质、提高作物产量、改善土壤肥力是种植户关于肥料有用性的认知，省人力、省钱、质量有保障是种植户关于肥料易用性的认知。有用性认知方面，种植户对畜禽粪便有机肥施用的有效性感知整体相对较高，对化肥施用的土壤肥力改善和作物品质优化感知态度非常低。种植户对肥料质量的感知态度普遍不高，尤其是对化肥的质量感知，种植户对商品有机肥的现金成本投入感知态度较低，这与商品有机肥价格偏高的显示情况相符，种植户普遍认为粪肥施用需要消耗大量人力，所以对粪肥施用的人力投入感知态度较为负面。整体来说，种植户肥料认知在一定程度上反映了肥料施用的现实环境。

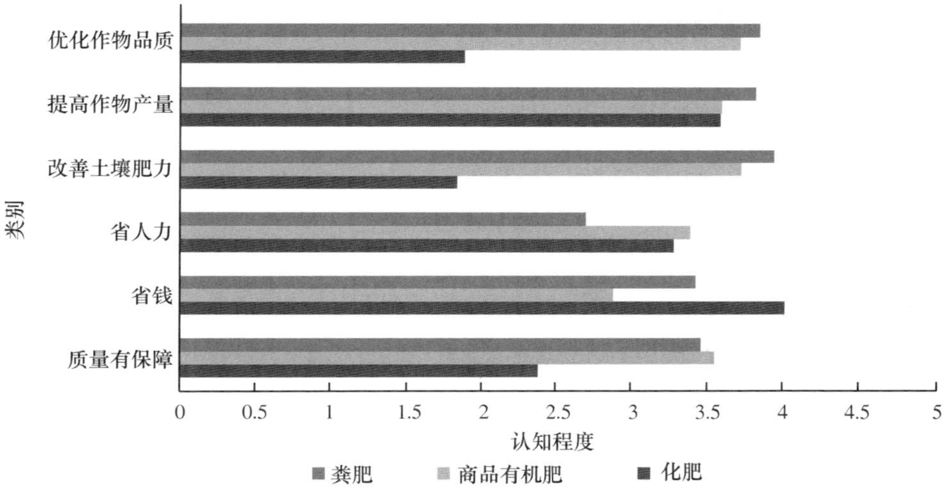

图 3-6 种植户肥料施用技术认知

数据来源：调研数据统计

注：横坐标代表认知程度，用 1—5 表示，5 为非常认可，表示认可程度最高。

二、畜禽粪便有机肥施用决策特征

（一）大田作物种植户有机肥施用需求更紧迫

由图 3-7 所示，玉米种植户土壤质量相对较差的比例高于苹果种植户，而土壤质量相对较好的比例却低于苹果种植户；由图 3-8 所示，近 5 年来，苹果种植户土壤得到改善的情况优于玉米种植户，而玉米种植户土壤质量下降情况相对明显。无论是当前的土壤质量水平或者是近 5 年来土壤变化情况，玉米种植户的土壤情况相比苹果种植户来说整体更差，也就是说，玉米种植户施用有机肥来改善土壤质量的需求是更紧迫的。

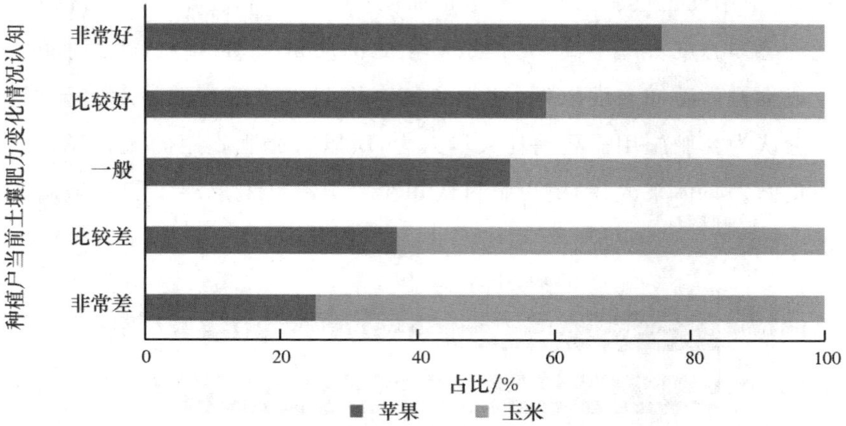

图 3-7 苹果、玉米种植户当前土壤肥力情况

数据来源：调研数据统计

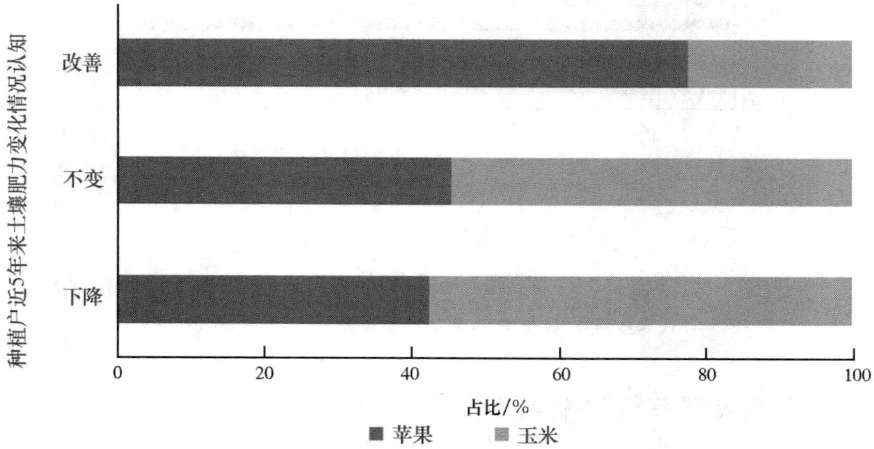

图 3-8 苹果、玉米种植户近 5 年来土壤肥力变化情况

数据来源：调研数据统计

（二）区域特征显著影响肥料投入结构

由表 3-5 可知，调研总样本的肥料平均投入成本为 0.071 万元/亩，化肥平均投入成本为 0.044 万元/亩，化肥成本占肥料总成本的比例为 61.97%，是肥料成本的主要组成部分。分区域看，天津市的肥料投入成本相对较低，主要是因为天津市种植户的商品有机肥投入成本远低于“另外两地”。河北省肥料平均投入成本为0.080万元/亩，化肥平均投入成本为0.063万元/亩，其化肥投入占总肥料投入比例达到了78.75%，其粪肥投入成本相对较低，可能的原因是河北省养殖规模总量较大，粪肥原料较为丰富，省内种植户粪肥获得成本较低。北京市种植户的商品有机肥投入成本远高于“另外两地”，可能的原因是北京市商品有机肥购置补贴激励措施的覆盖范围较广、执行力度较深，所以绝大部分种植户可以享受到该政策，极大促进了种植户施用商品有机肥；分作物类型看，苹果种植户的总体肥料投入成本和单项肥料投入成本均显著高于玉米种植户，这与作物肥料需求实际相符，同时也与种植户实际资本禀赋条件相关。

表3-5 肥料投入成本情况 万元/亩

统计变量	肥料	化肥	商品有机肥	粪肥
总体	0.071	0.044	0.014	0.013
北京	0.086	0.026	0.032	0.028
天津	0.053	0.037	0.005	0.011
河北	0.080	0.063	0.011	0.006
苹果	0.108	0.063	0.023	0.022
玉米	0.025	0.021	0.002	0.002

数据来源：调研数据统计

（三）肥料价格高低差异大

由表3-6可知，肥料市场种类、品牌多样、采购途径繁杂、产品从一般到高档的价格差别很大。调研总样本中，化肥平均价格为1.450元/斤，最低价为0.200元/斤，最高价可达10.000元/斤；商品有机肥平均价格为0.436元/斤，最低价为0.100元/斤，最高价可达2.500元/斤；粪肥平均价格为0.141元/斤，有自家养殖或他人赠送不花钱的，也有从外地高价购买，价格可达1.67元/斤。分区域看，天津市的各类肥料价格相对较低；分作物类型看，苹果种植户的商品有机肥购买价格相对实惠，主要因为有机肥购置补贴政策更多地倾向于补贴经济作物种植户，玉米种植户的粪肥购买价格相对较低，主要是因为玉米种植户专业化程度较低，种养主体分离情况相对不严重，粪肥获取成本相对苹果种植户来说较低。

表 3-6　肥料价格情况　　元/斤

统计变量	化肥	商品有机肥	粪肥
总体	1.450	0.436	0.141
北京	1.574	0.479	0.149
天津	1.197	0.415	0.102
河北	1.641	0.431	0.178
苹果	1.880	0.726	0.186
玉米	1.750	0.936	0.090

数据来源：调研数据统计

(四)肥料施用结构呈现丰富化

由表 3-7 可知，调研总样本中种植户化肥投入量均值为 0.027 万斤/亩，商品有机肥投入量均值为 0.043 万斤/亩，粪肥投入量均值为 0.201 万斤/亩。总体来看，肥料结构更加丰富。粪肥由于其本身体积较大，所以施用量明显较大，粪肥施用需要大量人力投入。分区域看，北京市的畜禽粪便有机肥施用量远高于天津、河北，从施用量上再次印证肥料施用激励措施对种植户实际施用行为的促进作用；分作物类型看，苹果种植户肥料施用强度显著高于玉米种植户，一方面与作物肥料需求实际相符，另一方面，近些年来，针对经济作物种植户的有机肥激励措施逐渐增多，苹果种植户的畜禽粪便有机肥施用行为更加积极。

表 3-7　肥料投入量情况　　万斤/亩

统计变量	化肥	商品有机肥	粪肥
总体	0.027	0.043	0.201
北京	0.021	0.117	0.437
天津	0.022	0.012	0.160
河北	0.036	0.028	0.087
苹果	0.038	0.078	0.311
玉米	0.013	0.002	0.069

数据来源：调研数据统计

(五)肥料费用是生产成本的主要构成

由表 3-8 可知，苹果种植户的投入总成本为 0.233 万元/亩，肥料成本占生产总成本的46.35%，所占比例最高，其次占比由高到低的成本投入项依次是农药投入、雇工投入和其他投入，对于苹果种植户来说，其他费用主要指苹果套袋费用；玉米种植户的投入总成本为0.039万元/亩，肥料成本占生产总成本的64.10%，除肥料成本外占比较高的成本投入项是机械租赁投入。可见，肥料投入是种植户最重要的生产成本投入。

表3-8 种植户生产投入情况 万元/亩

统计变量	总成本	肥料	农药	土地租金	雇工	机械租赁	其他
苹果	0.233	0.108	0.041	0.011	0.040	0.002	0.039
玉米	0.039	0.025	0.004	0.005	0.001	0.008	0.001

数据来源：调研数据统计

注：该成本统计中未包含树苗/种子费用及自有人工投入折算费用。

（六）生产收益的区域性差距显著

由表3-9可知，苹果种植户样本中，苹果种植户的平均亩产为0.323万斤/亩，苹果价格为2.962元/斤，销售收入为0.921万元/亩。分区域看，天津市苹果亩产相对较高，但苹果价格不具有优势，北京市苹果价格远高于天津、河北，但北京苹果亩产较低，河北省在苹果亩产和价格上均不占有相对优势，所以河北省的苹果种植户销售收入普遍偏低。

表3-9 苹果种植户生产收益情况

统计变量	产量/（万斤/亩）	价格/（元/斤）	销售收入/（万元/亩）
总体	0.323	2.962	0.921
北京	0.235	3.978	0.991
天津	0.425	2.294	0.941
河北	0.345	2.420	0.851

数据来源：调研数据统计

由表3-10可知，玉米种植户样本中，玉米种植户的平均亩产为0.105万斤/亩，玉米价格为0.862元/斤，销售收入为0.087万元/亩。分区域看，北京市在玉米亩产和价格上均具有绝对优势，所以北京市的玉米种植户销售收入普遍较高。

表 3-10　玉米种植户生产收益情况

统计变量	产量/(万斤/亩)	价格/(元/斤)	销售收入/(万元/亩)
总体	0.105	0.862	0.087
北京	0.174	1.207	0.153
天津	0.098	0.815	0.080
河北	0.098	0.847	0.082

数据来源:调研数据统计

(七)不同肥料施用决策对成本收益影响不同

由表 3-11 可知,与仅施用化肥相比,苹果种植户搭配施用畜禽粪便有机肥在一定程度上提高了其整体种植成本,并且畜禽粪便有机肥料种类越丰富,种植成本越高;畜禽粪便有机肥的施用显著提高了苹果种植户雇工成本,尤其是粪肥的搭配施用,使雇工成本明显攀升;苹果种植户由于受到地形制约,机械租赁成本整体不高,但可以发现,当搭配施用粪肥时,其机械租赁成本也具有上升表现。

表 3-11　苹果种植户不同肥料决策的生产成本投入情况　　万元/亩

项目	种植成本	肥料成本	雇工成本	机械租赁成本
仅施用化肥	0.1930	0.0840	0.0246	0.0016
仅施用商品有机肥或粪肥	0.2380	0.0810	0.0332	0.0033
同时施用化肥和商品有机肥	0.2670	0.1150	0.0255	0.0012
同时施用化肥和粪肥	0.2610	0.1140	0.0459	0.0000
同时施用化肥、商品有机肥和粪肥	0.2870	0.1440	0.0501	0.0071

数据来源:调研数据统计

由表 3-12 可知,与仅施用化肥相比,苹果种植户搭配施用畜禽粪便有机肥在一定程度上提高了其整体种植收入,同时显著提升了其土壤肥力;当苹果种植户进行有机种植时(即仅施用商品有机肥或粪肥),苹果产量相对较低,但苹果价格明显提高,同时可获得可观的种植收入,说明有机苹果存在市场溢价。

表 3-12　苹果种植户不同肥料决策的生产收益情况

项目	种植收入/（万元/亩）	作物产量/（万斤/亩）	产品价格/（元/斤）	土壤肥力/（1～5 渐好）
仅施用化肥	0.7470	0.3090	2.3920	2.8810
仅施用商品有机肥或粪肥	1.2380	0.2940	3.9800	3.6000
同时施用化肥和商品有机肥	0.7990	0.2942	2.9270	3.4570
同时施用化肥和粪肥	0.8180	0.3220	2.7590	3.6910
同时施用化肥、商品有机肥和粪肥	1.0970	0.3950	2.9320	3.5240

数据来源：调研数据统计

由表 3-13 可知，与仅施用化肥相比，玉米种植户搭配施用畜禽粪便有机肥在一定程度上提高了其整体种植成本，并且商品有机肥的施用对种植成本提高的作用更为明显；商品有机肥的搭配施用显著提高了玉米种植户的雇工成本，而粪肥的搭配施用显著提高了玉米种植户的机械租赁成本，可能的原因是，在调研过程中发现，针对玉米等大田作物粪肥施用，存在部分专业施用组织，他们同时提供粪肥肥料及施肥机械服务，而商品有机肥的施用更加精细，玉米种植户往往会选择雇工来进行人工施用。

表 3-13　玉米种植户不同肥料决策的生产成本投入情况　　万元/亩

项目	种植成本	肥料成本	雇工成本	机械租赁成本
仅施用化肥	0.0380	0.0200	0.0008	0.0085
仅施用商品有机肥或粪肥	—	—	—	—
同时施用化肥和商品有机肥	0.0980	0.0410	0.0075	0.0041
同时施用化肥和粪肥	0.0540	0.0360	0.0004	0.0105
同时施用化肥、商品有机肥和粪肥	0.1100	0.0880	0.0049	0.0098

数据来源：调研数据统计

注：由于玉米种植户全部选择施用化肥，所以仅施用商品有机肥或粪肥项无统计数据。

由表 3-14 可知，与仅施用化肥相比，玉米种植户搭配施用畜禽粪便有机肥在一定程度上提高了其土壤肥力，但是对其作物产量、产品价格和种植收入的影响并不明显，说明畜禽粪便有机肥施用对玉米种植户来说并没有产生显著的经济驱动。

表 3-14 玉米种植户不同肥料决策的生产收益情况

项目	种植收入/（万元/亩）	作物产量/（万斤/亩）	产品价格/（元/斤）	土壤肥力/（1～5 渐好）
仅施用化肥	0.0820	0.1000	0.8580	3.0260
仅施用商品有机肥或粪肥	—	—	—	—
同时施用化肥和商品有机肥	0.0910	0.1040	0.8030	3.8000
同时施用化肥和粪肥	0.0760	0.0890	0.8510	3.6250
同时施用化肥、商品有机肥和粪肥	0.0840	0.0950	0.8750	3.3000

数据来源：调研数据统计

注：由于玉米种植户全部选择施用化肥，所以仅施用商品有机肥或粪肥项无统计数据。

三、畜禽粪便有机肥供给环境特征

（一）种养主体分离是客观现实

由图 3-9 可知，种养主体分离是畜禽粪便肥料化利用的关键阻碍。调研样本中，仅有 10.53%的种植户自身同时经营养殖生产。58.12%的种植户村内没有养殖户，46.91%的种植户不认识周边养殖户。种养分离的现实无形中增加了种植户畜禽粪便有机肥施用成本。

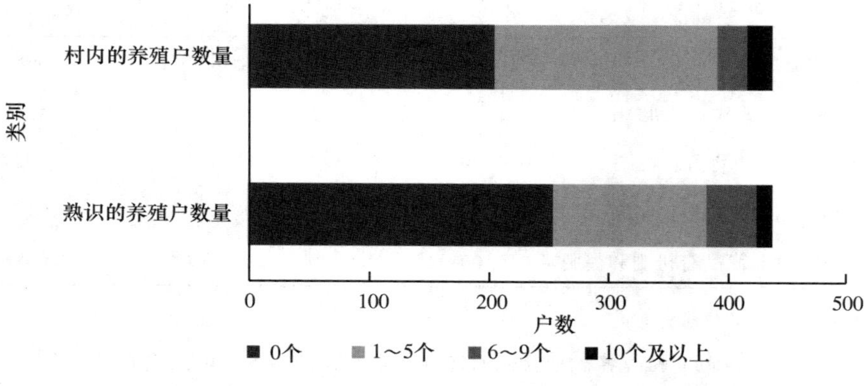

图 3-9 种植户种养关系情况

数据来源：调研数据统计

（二）肥料获取途径多元化

由图 3-10 可知，商品有机肥的主要来源是政府补贴提供和农资销售商，近些年在商品有机肥购置补贴措施的激励下，施用商品有机肥的种植户明显增多，在访谈中了解到，种植户愿意施用政府补贴的商品有机肥，主要原因并不是因为该有机肥有补贴，价格比较低，而是因为种植户认可政府提供的商品有机肥质量，所以更愿意购买政府商品有机肥；粪肥的主要来源是养殖场，其中非自家本地养殖场是种植户主要获取粪肥的来源，近些年，随着畜禽粪污资源化处理的要求深入，外地养殖场和粪贩子也逐渐活跃起来，一般他们会将粪肥集中拉到村镇上，需要的种植户自己用运输车拉到自己的地里，外地养殖场户和粪贩子会把运输费用统一算到粪肥费用中。

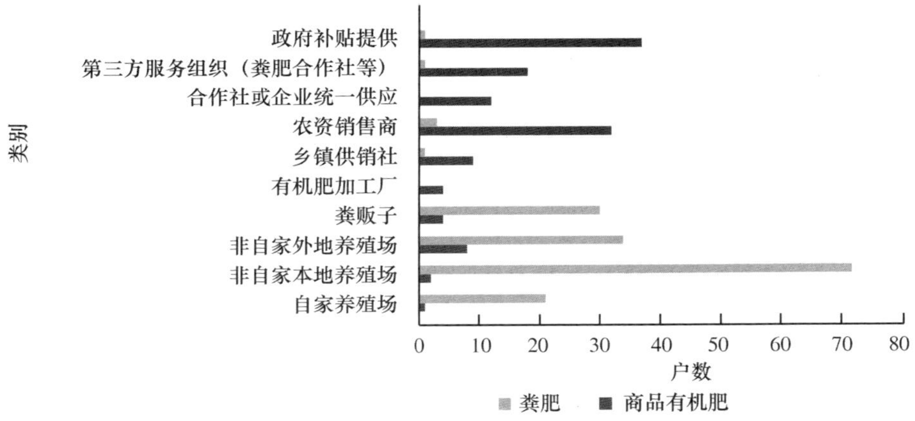

图 3-10 种植户肥料获取途径

数据来源：调研数据统计

注：横坐标代表选择该种肥料获取途径的种植户数。

（三）畜禽粪便有机肥料可得性存在障碍

由表 3-15 可知，调研总样本中畜禽粪便有机肥的可得性相对于化肥来说较低，说明种植户认为畜禽粪便有机肥在购置获得方面存在一定障碍。分区域样本中，天津和河北粪污资源相对较为丰富，其粪肥可得性感知高于商品有机肥，北京由于其商品有机肥购置补贴政策实施覆盖程度较广，其商品有机肥可得性感知高于粪肥；分作物类型来说，苹果种植户畜禽粪便有机肥的可得性感知普遍高于玉米种植户，可能是因为苹果种植户在畜禽粪便有机肥施用上经验更为丰富，早期积累了一些有机肥源。

表 3-15 种植户肥料可得性认知情况

统计变量	化肥	商品有机肥	粪肥
总体	4.558	3.224	3.286
北京	4.717	3.308	3.170
天津	4.483	3.174	3.384
河北	4.535	3.179	3.258
苹果	4.567	3.382	3.445
玉米	4.548	3.035	3.095

数据来源：调研数据统计

注：认知程度评价值为 1—5，5 为最高。

本章小结

本章对畜禽粪便有机肥施用的宏观环境基础和样本数据描述进行了深入讨论，宏观环境层面主要从政策、产业、社会、实践 4 方面环境视角进行分析总结，增进对有畜禽粪便有机肥施用宏观环境的认识，微观样本层面主要对施用主体特征、决策特征、供给环境特征 3 个方面进行挖掘，明确畜禽粪便有机肥施用的现实基础，具体结论为：

一是畜禽粪便有机肥的施用宏观层面上具有强烈的现实需要，也是国家政策支持的主要方向，但目前仍存在一定的推广困境。

二是畜禽粪便有机肥的施用微观层面上具有一定的应用基础，但在实践过程中有诸多的应用难点，推广过程中体现出了相应的应用特点。

第四章

种植户畜禽粪便有机肥施用决策的禀赋约束研究

引言：本章基于种植户禀赋异质性研究视角，选取禀赋差异较明显的不同种植类型种植户及不同兼业类型种植户两类主体，有机结合商品有机肥、粪肥多维度技术属性和不同类型农户禀赋特征进行讨论，对农户畜禽粪便有机肥料技术选择的动机、需求和行为差异进行理论和实证分析，理解农户在有机肥料技术选择上面临的约束条件和现实障碍，揭示农户禀赋对其技术选择偏向的影响及其机制，并有针对性地采取措施完善要素市场，以促进种植户更为有效地选择肥料技术，提升农业技术推广效率，实现农业绿色发展。

新技术采用受到技术属性、技术环境和采纳群体特征等因素的共同影响(Rogers,1995)。不同类型的种植户所具有的初始禀赋条件不同,同时,不同类型的肥料施用技术也对应不同的技术属性。种植户的肥料技术选择决策,一般是在综合考虑技术属性所需禀赋条件与自身实际具备的禀赋条件后,做出使得两者相匹配的技术选择(郑旭媛等,2018)。异质性种植户,如不同种植类型或不同兼业程度的种植户,在资本、劳动力等初始禀赋特征上具有明显区别,在匹配不同的技术属性特征时,初始禀赋总量或结构性约束限制了种植户自由的技术选择决策,而中国的不完全要素市场不能够有效缓解种植户初始禀赋约束,始终存在的禀赋约束导致种植户技术选择偏向分化更加明显。那么,禀赋约束是阻碍种植户畜禽粪便有机肥施用技术选择的根本原因吗?本部分尝试对该问题进行深入的研究,以此回答"现在的种植户为什么不施用畜禽粪便有机肥?"

第一节　理论框架与研究假说

一、数理推导

实现家庭收入最大化是种植结构调整与农户分化的演变实质。农户作为理性经济人,会根据家庭自身资源禀赋特征优化家庭资源禀赋投入,不断在大田作物与经济作物种植之间、农业和非农业收入之间进行决策,实现家庭收入最大化目标。基于此,本节借鉴 Just 和 Zilberman(2006)、Mohamed 等(2013)的技术选择理论模型,参考郑旭媛(2018)和赵丹丹(2020)的对于技术选择理论模型的拓展形式,构建考虑不完全要素市场中种植户农业生产要素多项约束的农户技术选择理论模型,对中国种植户的肥料技术选择行为进行理论分析。

首先需要提出的假设是:异质性种植户耕地、资金、劳动力等农业生产要素受限,同时他们处于一个不完全的要素市场,农地、资金、劳动力等要素的流通都存在障碍,种植户农业技术采纳主要依赖于其家庭初始禀赋。此时,农户同时采用新、旧技术各一种,新、旧技术组合采用是为了提高农业生产效率和规避新技术风险。那么,假设种植户家庭拥有可配置的作物种植总面积为 S,其中,种植户采用原有技术的作物种植面积为 S_o，采用新技术的作物种植面积为 S_n，且 $S_o+S_n=S$；假设种植户家庭中农业劳动力为 L，其中，采用原有技术的作物种植区域亩均劳动力为 l_o，采用新技术的作物种植区域亩均劳动力为 l_n，同时需要满足 $l_oS_o+l_nS_n\leqslant L$；假定种植户家庭可用于农业生产的资本为 K，其中，采用原有技术的作物种植区域亩均资本为 k_o，采用新技术的作物种植区域亩均劳动力为 k_n，同时需要满足 $k_oS_o+k_nS_n\leqslant K$。

假设种植户采用原有技术和新技术的单位面积利润分别为：

$$\tilde{\pi}_o=\pi_o+\varepsilon_o \tag{4-1}$$

$$\tilde{\pi}_n=\pi_n+\varepsilon_n \tag{4-2}$$

式(4-1)和式(4-2)中：$\tilde{\pi}_o$ 和 $\tilde{\pi}_n$ 分别为采用原有技术与采用新技术条件下的作物亩均利润，ε_o 和 ε_n 分别表示采用原有技术与采用新技术条件下作物亩均利润的随机扰动项。$\tilde{\pi}_o$ 和 $\tilde{\pi}_n$ 的均值分别为 $E(\tilde{\pi}_o)=\pi_o$ 与 $E(\tilde{\pi}_n)=\pi_n$，方差分别为 $V(\tilde{\pi}_o)=\sigma_o^2$ 与 $V(\tilde{\pi}_n)=\sigma_n^2$，同时假设采用新技术条件下的产出不确定性大于采用原有技术条件下的产出不确定性，即 $\sigma_n^2>\sigma_o^2$。

假设异质性种植户为理性经济人，他的肥料选择决策应该基于家庭禀赋条件、农业生产目标和风险不确定性，以实现家庭效用最大化为基础要求，则：

$$\max EU=E(\tilde{\pi}_oS_o+\tilde{\pi}_nS_n)-1/2\psi V(\tilde{\pi}_oS_o+\tilde{\pi}_nS_n) \tag{4-3}$$

$$s.t.\quad l_oS_o+l_nS_n\leqslant L \tag{4-4}$$

$$k_oS_o+k_nS_n\leqslant K \tag{4-5}$$

式（4-3）中：ψ 表示农户对绝对风险厌恶函数，具体表达式为 $\psi=-EU''/EU'$。考虑约束条件式（4-4）和式（4-5），将式（4-3）中的方差展开进一步变形为：

$$\begin{aligned}\mathrm{Max}EU=&\pi_oS_o+\pi_nS_n-1/2\psi[(S-S_n)^2\sigma_o^2+S_n^2\sigma_n^2+2(S-S_n)S_n\rho\sigma_o\sigma_n]\\&+\lambda_1(L-l_oS_o+l_nS_n)+\lambda_2(K-k_oS_o+k_nS_n)\end{aligned} \tag{4-6}$$

此时，将 EU 对 S_n 求偏导，$\partial EU/\partial S_n=0$，可得：

$$S_n=\frac{1/\psi(\pi_n-\pi_o)+S\sigma_o(\sigma_o-\rho\sigma_n)-\lambda_1(l_n-l_o)-\lambda_2(k_n-k_o)}{\sigma_o^2+\sigma_n^2-2\rho\sigma_o\sigma_n} \tag{4-7}$$

式（4-6）中：新、旧技术的可得利润相关系数为 ρ，λ_1 和 λ_2 分别表示种植户面临家庭劳动力约束和资本约束的系数，其值越大种植户面临的相应约束越大。

由式（4-7）可以推断，异质性种植户肥料选择决策偏向主要受到两方面的影响：一是受到种植户家庭初始禀赋约束与其风险偏好的影响，二是受新技术属性的影响，具体影响关系如下：

① $\partial S_n/\partial S<0$，土地禀赋对采用新技术施用决策具有消极影响；

② $\partial S_n/\partial \lambda_k<0$，资本禀赋对采用新技术决策具有积极影响；

③ $\partial S_n/\partial \lambda_l<0$，劳动禀赋对采用新技术决策具有消极影响；

④ $\partial S_n/\partial \psi<0$，风险偏好对采用新技术决策具有消极影响；

⑤ $\partial S_n/\partial \sigma_n^2<0$，采用新技术的产出不确定性对种植户采纳该技术具有消极影响；

⑥ $\partial S_n/\partial l_n<0$，采用新技术的劳动力投入需求对种植户采纳该技术具有消极影响；

⑦ $\partial S_n/\partial k_n<0$，采用新技术的资本投入需求对种植户采纳该技术具有消极影响。

基于上述数理推导可以构建异质性种植户肥料施用决策的行为逻辑分析框架，异质性种植户间存在肥料技术选择偏好的根本原因可能来源于禀赋条件及其风险规避态度特征差异。

二、理论解释与研究假说

结合数理推导，本部分研究按影响农户技术采纳的土地、资本、劳动力禀赋及风险性因素划分农户类型和技术类型。

在不完全要素市场环境下，不同类型农户面临的约束条件不尽相同。本章节选择在禀赋条件和风险规避态度上具有相对差异的两组农户进行实证研究：一组按照种植类型划分，即苹果种植户和玉米种植户，其中，苹果种植户指农户家庭主要种植作物为苹果，占调研农户总数的54.46%，玉米种植户指农户家庭主要种植作物为玉米，占调研农户总数的45.54%，调研样本中不存在同时种植苹果和玉米的种植户；另一组按照农户兼业程度划分，借鉴孔祥智和赵昶（2021）等学者对农户兼业情况的划分标准，本部分研究中兼业程度的划分依据为家庭非农就业收入比例，高兼业种植户为家庭非农就业收入比例高于 80％的种植户（即以往研究中的非农户类型），占调研农户总数的 26.78％，低兼业种植户为家庭非农就业收入比例低于 20％的种植户（即以往研究中的纯农户类型），占调研农户总数的 37.30％，中等兼业种植户为家庭非农就业收入比例介于 20％～80％的种植户（即以往研究中的兼业农户类型），占调研农户总数的 35.92％。上述两组农户的要素禀赋条件与风险规避态度具有明显差异（表 4-1）。

①苹果种植户。苹果种植属于劳动密集和技术密集相结合型作物，劳动力禀赋相对于土地禀赋较为宽裕，种植户专业化水平较高，风险规避态度较低，苹果属于经济作物，市场价值和种植收益普遍较高，资金禀赋约束小；②玉米种植户。玉米种植属于劳动节约型作物，劳动力禀赋稀缺，种植户风险态度比较保守，同时由于玉米种植收益相对较低，玉米种植户在生产过程中受到较强的资本禀赋约束；③高兼业种植户。常年在外务工导致其农业劳动力禀赋约束极强，较高的非农就业收入使其整体资本实力相对较强，相对于土地经营面积，农业资本约束力较弱，具有一定的抗风险能力，风险厌恶程度较低。④低兼业种植户。一般为种植专业户或者种植大户，耕地规模相对较多，但劳动力相对于土地也不稀缺，土地-劳动力禀赋约束中等，风险厌恶程度高，可支配性资金较少，受资本禀赋约束很强。⑤中兼业种植户。相对于高兼业种植户和低兼业种植户来说，资金禀赋约束中等，经营耕地面积适度，风险厌恶程度中等，家庭中有少数劳动力处于兼业状态，劳动力约束相对较弱。

表 4-1　不同类型农户的禀赋特征比较

项目	种植户类型	资金禀赋约束	土地-劳动力禀赋约束	风险规避态度
种植户划分	苹果种植户	较弱	较弱	较弱
	玉米种植户	较强	较强	较强
农户划分	高兼业种植户	弱	强	弱
	中兼业种植户	中等	弱	中等
	低兼业种植户	强	中等	强

研究者把要素投入和风险性两种属性结合在一起，将化肥减量技术、商品有机肥增施技术、粪肥增施技术大致归纳为：节资-增劳-增险型技术、稳资-增劳-增险型技术、节资-增劳-控险型技术。

①化肥减量技术（节资-稳劳-增险型技术）。化肥减量施用技术与传统化肥施用技术相比，节资、稳劳、增险属性突出，化肥减量施用技术有助于直接降低种植户生产成本，但化肥减量有可能会带来潜在的产量损失，不确定性增加；②商品有机肥增施技术（稳资-增劳-增险型技术）。商品有机肥增施技术与传统商品有机肥施用技术相比，稳资、增劳、增险属性突出，商品有机肥增施技术对于大部分种植户来说属于新技术采纳，其作用主要是增产和优质，但短期内提质增量的效果具有不确定性，持续采纳需要较高的资本和劳动力投入；③粪肥增施技术（节资-增劳-控险型技术）。粪肥增施技术与传统粪肥施用技术相比，节资、增劳、控险属性突出，粪肥增施技术属于传统施肥技术，种植户对该肥料技术采纳的有用性和易用性认知较强，不确定性较小，同时因为粪肥体积大、不宜运输等特点，使得其施用过程需要投入大量人力，但粪肥不属于工业肥料，价格普遍较低，需要的资本投入较小。

考虑农户所面临的禀赋约束，并结合与农户禀赋相关的技术属性推断，上述不同类型种植户对 3 种肥料技术的偏好也会各不相同（表 4-2）。

表 4-2　不同肥料技术属性比较及异质性种植户的可能选择

项目	化肥减量施用 节资-稳劳-增险型	商品有机肥增施 稳资-增劳-增险	粪肥增施 节资-增劳-控险
益处	降低成本	长期增产优质	长期增产优质
不确定性	增加	增加	不变
资本投入	减少	增加	减少
劳动力投入	不变	增加	增加
选择该类肥料技术的农户类型	苹果种植户、低兼业户	苹果种植户、中兼业户	苹果种植户、低兼业户、中兼业户

结合上文的数理推导与理论推断，本部分提出如下研究假说：

假说 H4-1：异质性种植户在资本禀赋、劳动力禀赋、风险规避态度特征方面具有显著差异。且异质性种植户对不同属性的肥料技术选择具有明显偏好。

假说 H4-2：异质性种植户资本禀赋、劳动力禀赋、风险规避态度特征显著影响其选择带有不同技术属性特征的肥料技术。

第二节　模型构建与变量选择

一、模型构建

本节利用农户调研数据检验前文基于农户技术选择理论模型提出的研究假说。为检验前述研究假说，本书建立以下计量模型：

$$y_{ni} = \alpha_n + \beta_{n1} \cdot D_{1i} + Z_i \cdot \gamma_n + \mu_j + \varepsilon_i \quad (4\text{-}8)$$

其中：y_{ni}为种植户i对肥料n的选择情况。变量D是种植户类型虚拟变量，本章关注苹果种植户、玉米种植户和高兼业户、中兼业户、低兼业户两组种植户，D的系数表示在特定肥料技术的采用上，不同类型种植户间的差异。Z_i是一组外部激励环境特征变量，具体包括商品有机肥购置补贴、示范点培训、肥料施用服务。同时，μ_j控制随省份而变的不可观测因素，ε_i是随机扰动项，控制随种植户特征而变的不可观测因素。该模型用于直接观察不同类型种植户肥料技术选择偏向的差别。此时种植户类型的虚拟变量中包含了种植户生产要素禀赋、个人基本特征及肥料施用感知，这些信息用于识别种植户特征差异。

为观察选择不同属性肥料技术的种植户的禀赋特征差异，本文构建如下模型：

$$y_{ni} = \alpha_n + R_i \cdot \rho_n + C_i \cdot \varphi_n + Z_i \cdot \gamma_n + \mu_j + \varepsilon_i \quad (4\text{-}9)$$

式（4-9）中不再使用种植户类型虚拟变量，将虚拟变量中的特征信息释放出来，进行具体分析，以观察其对不同肥料属性技术选择的影响。该组变量在式（4-9）中用R_i表示，具体包括种植户土地禀赋、资本禀赋、劳动力禀赋和风险规避态度。C_i为其他可能影响种植户肥料技术选择的特征因素，包括户主受教育程度、种植经验、是否加入合作社、家庭成员是否当过村干部或公务员、肥料技术感知、土地细碎化程度。

实际生产中，常见的肥料施用选择包括无机肥料、有机肥料及生物性肥料。本章基于畜禽粪便肥料化利用视角，借鉴相关学者对种植户肥料施用类型的分类，将粪肥和商品有机肥两种养殖废弃物肥料化产品从有机肥大类中细化出来，与化肥一起讨论。

已有研究发现，种植户施用化肥与粪肥之间、化肥与商品有机肥之间的施用行为均具有显著的替代效应（舒畅和乔娟，2016）。考虑到种植户对不同肥料的选择决策并不是独立的，不同肥料选择决策会同时发生且相互依赖，存在显著的关联效应，不适用于一般的二元 Probit 模型，本部分基于上述农户技术选择理论模型基础上，采用多元 Probit（Multivariate probit）模型进行回归分析。多元 Probit 模型不仅可以同时分析采用不同决策的影响因素，而且可以通过似然比检验考察采用不同决策间的关联效应（Lorenzo Cappellari 等，2003）。

本部分采用的多元 Probit 模型具体形式如下：

$$y^{*} = \alpha_0 + \sum_{u} \alpha_u x_u + \sum_{v} \beta_v \text{control}_v + D + \varepsilon \tag{4-10}$$

$$\varepsilon \sim \text{MVN}(0, \Psi)$$

$$y = \begin{cases} 1, y^{*} > 0 \\ 0, \text{其他} \end{cases}$$

其中：$y*$ 代表种植户对肥料技术的潜在需求，y 是 $y*$ 的观测变量，当 $y^{*}>0$ 时，$y=1$，则代表种植户选择了该项肥料技术；x 为一系列核心自变量，u 是核心自变量的数量，control 为控制变量，v 是控制变量的数量；D 为虚拟变量；ε 为随机扰动项，服从条件均值为 0，协方差为 Ψ 的多元正态分布。

二、变量选择

本节所使用的数据源自课题组于 2019 年 12 月至 2020 年 1 月期间赴北京市、天津市、河北省 3 地开展的苹果、玉米种植户实地问卷调查。具体不再赘述。

（一）被解释变量

本章所讨论的肥料选择决策行为实质上是肥料技术的选择行为，包括化肥减量技术采纳、商品有机肥增施技术采纳及粪肥增施技术采纳。三类肥料技术选择决策对应的调研问题为“过去三年的苹果/玉米种植过程中，您是否进行了化肥减量施用”“过去三年的苹果/玉米种植过程中，您是否进行了商品有机肥增量施用”“过去三年的苹果/玉米种植过程中，您是否进行了粪肥增量施用”。

（二）解释变量

借鉴已有相关研究经验，并结合理论假说，本章将从农户生产要素禀赋条件、外部激励、肥料施用感知、家庭农业经营特征 4 个方面选择解释变量。

农户生产要素禀赋条件。①家庭总收入。该变量以“种植户近三年年均家庭总收入”来衡量，是种植户资本禀赋条件的代理变量。②亩均家庭农业劳动力数量。该变量以种植户家庭农业劳动力数量与实际经营耕地面积比来衡量。该变量能够更好地测度人地禀赋特征。该变量是种植户土地-劳动力禀赋的代理变量。③风险规避态度。测度题目为“您喜欢哪种赚钱方式，1＝赚钱少、风险小；2＝介于两者之间；3＝赚钱多、风险大”，选择数字越小，风险规避态度越明显。该变量表征种植户的风险偏好。

外部激励环境。①商品有机肥购置补贴。即指种植户是否接受过商品有机肥购置补贴（包括往年接受和当年接受）。补贴是解决农业生产外部性最适用的方法，商品有机肥购置补贴在某种程度上减少了种植户施用商品有机肥技术的边际成本，预期将在很大程度上促进种植户商品有机肥料的购置和施用。商品有机肥购置补贴主要以项目补贴形式提高农民有机肥施入热情，各个试点区配套补贴金额不完全一致，以调研区域河北省秦皇岛市、遵化市为例，该市有机肥市场价为 560 元/吨，国家给予项目补贴 400 元/吨，种植户购买有机肥时需自费 160 元/吨，随着试点工作的不断扩大，各个地区的商品有机肥购置补贴为 150～480 元/吨不等。②田间肥料技术培训。即指种植户家庭过去 3 年内是否参加过田间肥料技术培训（包括政府、企业及第三方组织的培训）。田间肥料技术培训的重点在于实地指导学习，专家可以将肥料技术施用要点及成效亲身示范给种植户，同时，种植户可以在实践操作过程中随时提出疑难问题并获得相应解答，调研过程中发现，种植户普遍认为田间肥料技术培训学习效果要远高于普通宣传手册学习及课堂讲座学习，种植户参加田间肥料技术培训不仅体现了其对新技术采纳的主动性，同时也反映了种植户所在地区农业技术扩散环境（吕杰等，2015），预期对种植户畜禽粪便有机肥施用技术采纳有正向影响。③肥料施用服务。即指种植户所在村镇是否有粪便收集、粪便加工、畜禽粪便肥料运输、畜禽粪便肥料施用组织（有其中任意一个组织就可以）。肥料施用服务主要指涉及畜禽粪便肥料化利用全过程服务的服务组织，肥料施用服务组织将是促进畜禽粪便肥料化利用的重要平台和抓手。肥料施用服务可以大大降低种植户畜禽粪便有机肥施用过程中产生的交易成本，预期可以在一定程度上促进种植户畜禽粪便有机肥施用行为。

种植户肥料技术感知。农户采纳循环农业技术的动力来源于内化或认同的心理过程。技术感知是农户对一项技术效果、易用性等信息的主观评价。①可得性感知。即指种植户对于肥料容易获得的主观评价。容易获得是种植户肥料施用行为的基础感知。②有效性感知。选取“改善土壤肥力”“提高作物产量”“优化作物品质”3个变量作为种植户畜禽粪便有机肥施用的预期收益感知，利用熵值法形成“有效性感知”综合指标。当种植户感觉某项肥料技术可以为其带来更多的好处时，他们倾向于选择该技术。③易用性感知。选取“质量有保障”“省钱”“省人力”3个变量利用熵值法形成“易用性感知”综合指标。是种植户感觉某项肥料技术的实施具有可操作性，相对容易时，他们倾向于选择该技术。

家庭农业经营特征。①受教育程度，种植户受教育程度越高，其对技术应用和市场信息认知水平越高（孔凡斌等，2019），对有机肥替代化肥施用技术的益处判断越清楚，倾向于采用有机肥替代化肥技术。同时，受教育程度高的种植户掌握畜禽粪肥施用技能的能力也较强，施用畜禽粪肥的可能性较大。②种植经验，种植年限较长的农户，经验相对比较丰富，在肥料施用决策上会呈现出较为明显的早期经验性固定行为特征（高晶晶等，2019），其采用新技术的动力不足，会更倾向于施用化肥而非有机肥。③是否自身养殖，种植户同时从事养殖业为其粪污还田利用提供了便捷条件，增加了粪肥可得性，减少了粪肥运输成本，已有研究表明，种植户家庭成员若拥有养殖场，他们会选择直接施用粪肥而非化肥和商品有机肥（舒畅，2016）。④是否是村干部或公务员，村干部或公务员作为政府的代理人，相对于普通村民来说，可以更便捷地获取有机肥替代化肥施用的相关信息，对其相关政策的认知程度高，种植决策过程中所面临的信息不对称情况较少，选择施用商品有机肥的概率高；同时具有政治身份的农户及家庭，其行为决策有很强的示范引领作用，他们需要通过自身行动鼓励引导农户进行绿色生产决策，其施用有机肥替代化肥的概率增加。⑤是否加入合作社，种植户加入合作社，更容易受到国家相关涉农政策的倾斜和技术支持，生产资料、信息、技术等获取渠道更通畅，在畜禽粪肥的可得性和易用性方面具有良好的认知，更倾向于施用商品有机肥，同时，种植户加入合作社还须在合作组织的“软约束”下进行绿色有机农产品生产（刘可，2019），进一步规范其有机肥替代化肥施用决策行为。⑥土地细碎化程度。该变量是以种植户经营耕地总面积除以其经营耕地地块数量获得。表征种植户土地细碎化程度，该值越小，代表种植户耕地细碎化程度相对较高。适度扩大土地规模虽然有助于农户采取环境友好型生产行为（孔祥智，2004；刘乐等，2017），但是土地细碎化却显著抑制了农户采取耕地质量保护措施的概率（李卫等，2017；江鑫等，2018；余威震等，2019；宋浩楠等，2020）（表 4-3）。

表 4-3　变量定义与描述性统计

变量名	定义	均值	标准差
肥料技术选择行为			
化肥减量施用	过去三年苹果/玉米种植中，您是否减少了化肥施用：0＝否，1＝是	0.222	0.416
商品有机肥增施	过去三年苹果/玉米种植中，您是否增加了商品有机肥施用：0＝否，1＝是	0.394	0.489
粪肥增施	过去三年苹果/玉米种植中，您是否增加了粪肥施用：0＝否，1＝是	0.387	0.487
农户生产要素禀赋条件			
资本禀赋	近三年家庭年均总收入/万元	13.041	29.513
土地-劳动力禀赋	亩均家庭农业劳动力数量/人	0.553	0.564
风险规避态度	农户家庭经营决策者喜欢哪种赚钱方式：1＝赚钱少、风险小；2＝介于两者之间；3＝赚钱多、风险大；选择数字越大表示农户越规避风险	2.322	0.413
环境激励			
有机肥购置补贴	是否享受过有机肥购置补贴：是＝1，0＝否	0.334	0.472
技术培训	是否参与过示范点培训：是＝1，否＝0	0.277	0.447
肥料施用服务	村里是否有畜禽粪肥收集/加工/运输/施用服务组织：是＝1，否＝0	0.444	0.497

续表 4-3

变量名	定义	均值	标准差
肥料技术感知			
化肥可得性感知	化肥容易获得：非常不赞同＝1，比较不赞同＝2，一般＝3，比较赞同＝4，非常赞同＝5	4.558	0.497
商品有机肥可得性感知	商品有机肥容易获得：非常不赞同＝1，比较不赞同＝2，一般＝3，比较赞同＝4，非常赞同＝5	3.224	0.703
粪肥可得性感知	粪肥容易获得：非常不赞同＝1，比较不赞同＝2，一般＝3，比较赞同＝4，非常赞同＝5	3.286	0.761
化肥易用性感知	通过熵值法凝成该指标，数字越大表示化肥易用性感知越强	5.945	1.114
商品有机肥易用性感知	通过熵值法凝成该指标，数字越大表示商品有机肥易用性感知越强	5.613	0.889
粪肥易用性感知	通过熵值法凝成该指标，数字越大表示粪肥易用性感知越强	5.356	1.003
化肥有效性感知	通过熵值法凝成该指标，数字越大表示化肥有效性感知越强	4.001	0.986
商品有机肥有效性感知	通过熵值法凝成该指标，数字越大表示商品有机肥易用性感知越强	6.363	0.987
粪肥有效性感知	通过熵值法凝成该指标，数字越大表示粪肥易用性感知越强	6.693	1.502
家庭农业经营特征			
受教育程度	户主受学校正规教育年限（年）	7.485	3.417
种植经验	户主从事苹果/玉米种植年限（年）	27.432	13.001
公职身份	家中是否有村干部或公务员：是＝1，否＝0	0.153	0.360
加入合作社	是否加入合作社：是＝1，否＝0	0.268	0.443
土地细碎化程度	种植户苹果/玉米实际种植面积与地块数量的比值	34.026	482.094
区域虚拟变量			
北京	1＝北京市；0＝天津市、河北省	0.243	0.429
天津	1＝天津市；0＝北京市、河北省	0.394	0.489
河北	1＝河北省；0＝北京市、天津市	0.364	0.481

数据来源：调研数据统计

借鉴孔祥智和赵昶（2021）等学者对农户兼业情况的划分标准，本部分研究中兼业程度的划分依据为家庭非农就业收入比例，高兼业种植户为家庭非农就业收入比例高于80%的种植户（即以往研究中的非农户类型），占调研农户总数的26.77%，低兼业种植户为家庭非农就业收入比例低于20%的种植户（即以往研究中的纯农户类型），占调研农户总数的37.30%，中兼业种植户为家庭非农就业收入比例介于20%～80%的种植户（即以往研究中的兼业农户类型），占调研农户总数的35.92%。

表 4-4　主要变量数据分布情况

变量名	总体	苹果种植户	玉米种植户	高兼业户	中兼业户	低兼业户
肥料技术选择行为						
化肥减量施用	22.20%	34.45%	7.54%	16.24%	21.02%	27.60%
商品有机肥增施	39.36%	59.66%	15.08%	22.22%	52.87%	38.65%
粪肥增施	38.67%	55.04%	19.10%	24.79%	43.31%	44.17%
农户生产要素禀赋条件						
资本禀赋 近三年家庭年均总收入/万元	13.041	13.369	12.650	29.898	10.298	3.584
土地-劳动力禀赋 亩均家庭农业劳动力数量/人	0.553	0.634	0.455	0.509	0.553	0.584
风险规避态度 数字越大表示农户越规避风险	2.322	2.282	2.369	2.334	2.266	2.366
样本量	437	238	199	117	157	163

数据来源：调研数据统计

根据表4-3、表4-4的变量统计描述可知，总体来说，采用化肥减量、商品有机肥增施、粪肥增施技术的种植户比例不高，种植户采用畜禽粪便有机肥增施技术的积极性要高于采用化肥减量技术。不同类型的种植户对不同属性的肥料选择决策有明显偏向。苹果种植户化肥减量施用、商品有机肥增施、粪肥增施技术的采纳积极性均高于玉米种植户，玉米种植户本身对各项肥料技术的采纳中，更倾向于粪肥增施技术；高兼业户的肥料施用技术采纳情况与玉米种植户类似，对各项肥料投入变化决策的积极性均不高，低兼业户偏向化肥减量施用技术和粪肥增施技术；中兼业户的商品有机肥增施技术偏向性高于另外两类兼业户。

从表 4-4 中的禀赋统计结果可以看出，苹果种植户和高兼业种植户在资本禀赋上具有明显优势，玉米种植户相对于苹果种植户来说土地-劳动力禀赋存在极大约束。同时，玉米种植户风险规避态度相对较高，更不轻易冒险；高兼业种植户对农业生产重视程度较低，其在土地-劳动力禀赋上的表现显著不足，中等兼业种植户相对于高兼业种植户和低兼业种植户来说，风险偏好更强。

第三节 实证检验与结果分析

一、多重共线性检验

为保证模型的稳定性和估计结果的有效性，需要在回归分析之前对解释变量进行多重共线性检验，若各个解释变量间存在明显的共线性趋势，模型的拟合也会受到严重影响。表 4-5 为模型的方差膨胀因子（VIF）检验结果，VIF 平均值分别为 1.34、1.38、1.40，各变量 VIF 值在 1.05～1.81 之间，低于门槛值 10，说明模型不存在严重的多重共线性问题。

表 4-5 多重共线性检验

变量	化肥减量施用	商品有机肥增施	粪肥增施
资本禀赋	1.33	1.33	1.34
土地-劳动力禀赋	1.49	1.49	1.51
风险规避态度	1.16	1.14	1.15
有机肥购置补贴	1.47	1.60	1.49
技术培训	1.17	1.17	1.21
肥料施用服务	1.29	1.32	1.39
可得性感知	1.10	1.45	1.43
易用性感知	1.09	1.15	1.40
有效性感知	1.11	1.37	1.32

续表 4-5

变量	化肥减量施用	商品有机肥增施	粪肥增施
受教育程度	1.24	1.25	1.23
种植经验	1.41	1.42	1.42
公职身份	1.06	1.06	1.05
加入合作社	1.35	1.36	1.35
土地细碎化程度	1.57	1.57	1.58
北京市	1.81	1.80	1.81
河北省	1.71	1.70	1.73
方差膨胀因子均值（Mean VIF）	1.34	1.38	1.40

二、不同类型种植户技术选择偏向性检验

本部分模型估计与检验的内容包括：一是在控制外部激励特征及区域特征的影响下，考察不同类型种植户对不同属性肥料技术的选择偏好；二是将种植户类型变量打开，考察种植户禀赋差异特征对不同属性肥料技术选择的影响。

（一）不同类型种植户基本情况及技术选择情况

表 4-6 中报告了不同类型种植户的生产要素禀赋特征、户主个体特征及肥料技术感知特征，同时对特征变量间的系统性差异进行了检验。检验结果说明大部分特征值的均值差异通过了 F 统计检验，说明不同类型种植户在要素禀赋特征、风险规避态度以及其他个体及家庭特征上具有显著差异。

苹果种植户和高兼业种植户在资本禀赋上具有明显优势，玉米种植户相对于苹果种植户土地-劳动力禀赋存在极大约束，同时，玉米种植户风险规避态度相对较高，更不轻易冒险；高兼业种植户对农业生产重视程度较低，其在土地-劳动力禀赋上表现出显著不足，中兼业种植户相对于高兼业种植户和低兼业种植户来说，风险偏好更强。

表 4-6 不同类型种植户基本特征均值差异

变量	样本户特征均值		均值差异检验 H_0：均值相等	样本户特征均值			均值差异检验 H_0：均值相等
	经济作物——苹果种植户	大田作物——玉米种植户		高兼业户	中兼业户	低兼业户	
资本禀赋	1.776 (1.195)	1.488 (1.297)	5.848**	2.679 (1.073)	1.874 (0.913)	0.682 (0.904)	155.852***
土地-劳动力禀赋	−0.843 (1.069)	−1.466 (1.650)	22.565***	−1.225 (1.464)	−1.023 (1.167)	−1.155 (1.548)	0.753
风险规避态度	2.319 (0.527)	2.422 (0.553)	3.944**	2.419 (0.561)	2.280 (0.529)	2.411 (0.530)	3.129**
受教育程度	7.820 (3.603)	7.090 (3.152)	5.034**	7.200 (3.088)	8.210 (3.380)	6.990 (3.586)	5.745***
种植经验	22.200 (11.531)	33.690 (11,902)	104.441***	27.980 (13.107)	26.290 (12.871)	28.140 (13.092)	0.954
公职身份	0.160 (0.363)	0.150 (0.359)	0.018	0.140 (0.345)	0.180 (0.384)	0.140 (0.349)	0.594
加入合作社	0.230 (0.422)	0.310 (0.464)	3.592*	0.320 (0.470)	0.290 (0.454)	0.210 (0.408)	2.581*
土地细碎化程度	0.714 (0.821)	0.701 (1.054)	0.018	0.665 (0.742)	0.706 (0.778)	0.741 (1.169)	0.226
化肥可得性感知	4.570 (0.497)	4.550 (0.499)	0.166	4.630 (0.484)	4.490 (0.502)	4.570 (0.497)	2.838*
化肥易用性感知	6.042 (1.025)	5.829 (1.207)	3.965**	5.946 (1.165)	5.946 (1.107)	5.943 (1.094)	0.000
化肥有效性感知	3.957 (1.000)	4.054 (0.972)	1.060	4.028 (1.144)	3.966 (0.932)	4.015 (0.921)	0.156
商品有机肥可得性感知	3.380 (0.637)	3.040 (0.734)	27.998***	3.090 (0.677)	3.320 (0.672)	3.230 (0.740)	3.931**
商品有机肥易用性感知	5.654 (0.852)	5.246 (0.885)	23.976***	5.365 (1.010)	5.528 (0.808)	5.483 (0.872)	1.165
商品有机肥有效性感知	6.585 (1.162)	6.319 (1.130)	5.813**	6.411 (1.113)	6.624 (1.173)	6.348 (1.153)	2.469*
粪肥可得性感知	3.450 (0.696)	3.100 (0.795)	24.052***	3.210 (0.826)	3.340 (0.705)	3.290 (0.768)	1.114
粪肥易用性感知	5.605 (0.871)	5.058 (1.071)	34.675***	5.189 (1.109)	5.417 (0.958)	5.418 (0.959)	2.223
粪肥有效性感知	6.579 (1.274)	7.210 (1.121)	29.602***	7.084 (1.374)	6.775 (1.214)	6.798 (1.166)	2.47*
样本数	238	199	—	117	157	163	—

注：*、**、***分别表示在10%、5%、1%的水平上显著；括号中数字为标准误。资本禀赋、土地-劳动力禀赋、土地细碎化程度的均值差异检验使用的是变量值的对数。

（二）异质性种植户技术选择情况

表 4-7、表 4-8 中报告了对式（4-8）和式（4-10）的估计结果。从统计角度来看，模型整体通过了卡方检验，似然比检验结果通过了 1%的显著水平检验，说明选择多元 probit 模型对种植户的肥料施用决策问题进行估算是合理且必要的。同时，化肥减量施用技术采纳、商品有机肥增施技术采纳、粪肥增施技术采纳决策之间的相关系数值均为正，且均在 1%水平上显著，说明三种肥料决策间存在一定的显著互补效应。

在控制了外部环境及区域特征变量之后，不同类型种植户对不同属性肥料技术的选择回归结果与表 4-4 中的统计结果基本一致。以玉米种植户为基准，苹果种植户在化肥减量施用、商品有机肥增施、粪肥增施技术采纳行为均在 1%的水平上显著高于玉米种植户；以高兼业种植户为基准，中兼业户和低兼业户的粪肥增施技术采纳行为偏向性均在 5%和 1%的水平上显著，且低兼业户的粪肥增施技术采纳行为偏向性略高于中兼业户，也就是说，随着非农就业收入的提高，种植户会越不倾向于选择节资-增劳的技术；同时，中兼业种植户的商品有机肥增施技术采纳行为偏向性在 1%的水平上显著，低兼业种植户的化肥减量施用技术采纳行为偏向性在 10%的水平上显著。

表 4-7　不同种植类型农户对不同属性技术选择的模型估计结果

自变量	化肥减量施用	商品有机肥增施	粪肥增施
农户类型			
苹果种植户（以玉米种植户为基准）	0.854*** (0.193)	0.771*** (0.163)	0.980*** (0.158)
环境激励			
商品有机肥购置补贴	0.168 (0.168)	0.681*** (0.156)	0.054 (0.152)
田间肥料技术培训	0.353** (0.156)	0.354** (0.156)	0.077 (0.146)
肥料施用服务	0.262 (0.162)	0.763*** (0.149)	0.526*** (0.140)
区域变量			
北京	0.404** (0.198)	0.110 (0.199)	−0.191 (0.188)
河北	−0.465** (0.200)	0.547*** (0.171)	−0.156 (0.160)
常数项	−1.616*** (0.166)	−1.718*** (0.160)	−0.991*** (0.131)
atrho21		0.354*** (0.095)	
atrho31		0.311*** (0.092)	

续表 4-7

自变量	化肥减量施用	商品有机肥增施	粪肥增施
atrho32		0.627*** (0.096)	
Wald χ^2		227.85	
Prob $>\chi^2$		0.000	
Log likelihood =		−614.398	

注：1. **、*** 分别表示在 5%、1%的水平上显著；括号中数字为标准误。

2. atrho21 为化肥与商品有机肥施用决策间的相关系数；atrho31 为化肥与粪肥施用决策间的相关系数；atrho32 为粪肥与商品有机肥施用决策间的相关系数；Wald χ^2 为 Wald 卡方检验值；Prob $>\chi^2$ 为 Wald 卡方检验 P 值；Log likelihood 为极大似然估计值。

表 4-8　不同兼业类型农户对不同属性技术选择的模型估计结果

自变量	化肥减量施用	商品有机肥增施	粪肥增施
农户类型			
中兼业户（以高兼业户为基准）	0.022 (0.202)	0.560*** (0.187)	0.420** (0.171)
低兼业户（以高兼业户为基准）	0.355* (0.191)	0.254 (0.183)	0.442*** (0.166)
环境激励			
商品有机肥购置补贴	0.345** (0.162)	0.835*** (0.152)	0.178 (0.144)
田间肥料技术培训	0.455*** (0.156)	0.414** * (0.154)	0.052 (0.143)
肥料施用服务	0.388** (0.156)	0.873*** (0.147)	0.634*** (0.135)
区域变量			
北京	0.687*** (0.189)	0.308 (0.190)	0.119 (0.175)
河北	−0.180 (0.188)	0.632*** (0.166)	0.046 (0.151)
常数项	−1.548*** (0.185)	−1.771*** (0.185)	−1.059*** (0.154)
atrho21		0.438*** (0.097)	
atrho31		0.393*** (0.089)	
atrho32		0.687*** (0.097)	
Wald χ^2		192.86	
Prob $>\chi^2$		0.000	
Log likelihood =		−632.662	

注：1. *、**、*** 分别表示在 10%、5%、1%的水平上显著；括号中数字为标准误。

2. atrho21 为化肥与商品有机肥施用决策间的相关系数；atrho31 为化肥与粪肥施用决策间的相关系数；atrho32 为粪肥与商品有机肥施用决策间的相关系数；Wald χ^2 为 Wald 卡方检验值；Prob $>\chi^2$ 为 Wald 卡方检验 P 值；Log likelihood 为极大似然估计值。

在控制种植户个体特征、外部环境与区域特征的情况下，利用式（4-9）、式（4-10），分别对种植户肥料技术选择行为的影响因素模型进行了估计，观察种植户生产要素禀赋与风险规避态度对其不同属性肥料技术采用的影响。表 4-9 中模型卡方检验与似然比检验结果再次说明选择多元 probit 模型对种植户的肥料施用决策问题进行估算的合理必要性。同时，三类技术采纳决策之间的相关系数值仍在 1%水平上显著，再次说明三种肥料决策间存在一定的显著互补效应。

粪肥增施技术具有明显节资特征。可以看出种植户资本禀赋条件对粪肥增施技术具有负向影响，并在 10%的水平上显著。节资技术对种植户资本禀赋要求较低，资本禀赋越短缺的种植户，往往劳动力禀赋充裕，越偏好于通过节资、增劳达到生产目标。

商品有机肥增施技术、粪肥增施技术均具有明显的增劳特征，种植户土地-劳动力禀赋条件对三项技术采纳具有正向影响，且均在 5%的水平上显著。说明种植户的土地-劳动力禀赋不足对增劳属性技术的采用形成了较强的约束。劳动力越充裕的种植户越倾向于通过增加劳动力投入替代资金等其他方面投入来实现增产效果或减少产出不确定性的技术。

化肥减量施用技术和商品有机肥增施技术一般会增加产出不确定性。由回归结果可得，种植户风险规避态度对其商品有机肥增施技术采用在 5%的水平上有显著的负向影响。商品有机肥增施技术的增产优质效果较为缓慢，收益回报周期长，且其施用效果与种植户操作能力密切相关，同时商品有机肥料相对于化肥、粪肥来说，出现时间较短，种植户对有效性缺乏一定认识。所以，风险规避态度较保守的种植户不倾向于采用该技术。

表 4-9　种植户肥料选择的估计结果

自变量	化肥减量施用 节资-稳劳-增险	商品有机肥增施 增资-增劳-增险	粪肥增施 节资-增劳-控险
农户生产要素禀赋条件			
资本禀赋	−0.070 (0.067)	0.064 (0.065)	−0.120* (0.067)
土地-劳动力禀赋	0.176** (0.071)	0.129** (0.066)	0.163** (0.079)

续表 4-9

自变量	化肥减量施用 节资-稳劳-增险	商品有机肥增施 增资-增劳-增险	粪肥增施 节资-增劳-控险
风险规避态度	−0.136 (0.189)	−0.452** (0.183)	−0.090 (0.183)
环境激励			
商品有机肥购置补贴	0.326* (0.180)	0.259 (0.179)	0.122 (0.190)
田间肥料技术培训	0.436*** (0.167)	0.150 (0.176)	0.099 (0.191)
肥料施用服务	0.282* (0.165)	0.612*** (0.160)	0.357** (0.162)
肥料施用感知			
可得性感知	0.365** (0.157)	0.602*** (0.157)	1.436*** (0.161)
易用性感知	0.019 (0.074)	0.067 (0.118)	0.246*** (0.091)
有效性感知	0.212** (0.083)	0.370*** (0.086)	0.237*** (0.051)
家庭农业经营决策者特征			
受教育程度	0.029 (0.024)	0.045* (0.024)	0.056** (0.024)
种植经验	−0.006 (0.007)	−0.020*** (0.007)	−0.021*** (0.007)
公职身份	0.175 (0.219)	0.010 (0.209)	0.245 (0.221)
加入合作社	0.119 (0.191)	−0.111 (0.201)	−0.497** (0.206)
土地细碎化程度	0.179* (0.095)	0.112 (0.096)	0.207** (0.106)
区域变量（以天津市为基准）			
北京市	0.685*** (0.215)	0.501** (0.217)	0.469** (0.218)
河北省	−0.153 (0.207)	0.582*** (0.195)	0.446** (0.201)
常数项	−2.518** (1.053)	−4.358*** (0.899)	−7.844*** (0.903)

续表 4-9

自变量	化肥减量施用 节资-稳劳-增险	商品有机肥增施 增资-增劳-增险	粪肥增施 节资-增劳-控险
atrho21		0.324***	
atrho31		0.321***	
atrho32		1.495***	
Wald χ^2		333.82	
Prob $>\chi^2$		0.000	
Log likelihood =		−472.193	

注：1. *、**、***分别表示在10%、5%、1%的水平上显著；括号中数字为标准误。资本禀赋、土地-劳动力禀赋、土地细碎化程度均采用对数形式。

2. atrho21为化肥与商品有机肥施用决策间的相关系数；atrho31为化肥与粪肥施用决策间的相关系数；atrho32为粪肥与商品有机肥施用决策间的相关系数；Wald χ^2 为 Wald 卡方检验值；Prob $>\chi^2$ 为 Wald 卡方检验 P 值；Log likelihood 为极大似然估计值。

三、稳健性检验

模型稳健性检验可以从改变样本容量、（被）解释变量、估计方法等角度入手，遵循可行性、科学性原则。本部分采用替换被解释变量的方式进行稳健性检验。将原因变量“过去三年的肥料施用技术决策”更替为“未来三年的肥料施用技术决策”。要素市场不完全的前提下，肥料施用技术属性保持不变，如表4-10模型结果所示，异质性种植户采纳不同类型肥料施用技术时的禀赋约束不会发生变化，所以对于相同肥料施用技术，不管是过去的实际采纳行为还是未来的采纳意愿都应该是相同的。关于“未来三年的肥料施用技术决策”变量，原调研问题设置为“未来三年的苹果/玉米种植过程中，您是否计划进行化肥减量施用/商品有机肥增施/粪肥增施？0＝否；1＝是”。21.05%的种植户未来计划进行化肥减量施用，48.74%的种植户未来计划进行商品有机肥增施，52.40%的种植户未来计划进行化肥减量施用。如表4-11模型结果所示，中兼业户比高兼业户更有倾向在未来增施商品有机肥，低兼业户比高兼业户更有倾向在未来减少化肥施用量，并增加粪肥施用量。

表 4-10　不同种植类型农户对不同属性技术选择的模型估计结果

自变量	未来化肥减量	未来商肥增施	未来粪肥增施
农户类型			
苹果种植户（以玉米种植户为基准）	0.347* (0.181)	0.279* (0.1155)	0.758*** (0.152)
环境激励			
有机肥购置补贴	0.179 (0.165)	0.877*** (0.157)	0.062 (0.151)
田间肥料技术培训	0.632*** (0.150)	0.490*** (0.150)	0.106 (0.144)
肥料施用服务	0.376** (0.158)	0.549*** (0.143)	0.479*** (0.137)
区域变量			
北京	−0.119 (0.203)	−0.168 (0.189)	−0.034 (0.182)
河北	−0.333* (0.185)	0.285* (0.161)	−0.066 (0.155)
常数项	−1.340*** (0.147)	−0.935*** (0.128)	−0.571*** (0.120)
atrho21		0.253*** (0.091)	
atrho31		0.286*** (0.089)	
atrho32		0.601*** (0.093)	
Wald χ^2		170.35	
Prob $>\chi^2$		0.000	
Log likelihood =		−682.031	

注：1. *、**、*** 分别表示在 10%、5%、1%的水平上显著；括号中数字为标准误。

2. atrho21 为化肥与商品有机肥施用决策间的相关系数；atrho31 为化肥与粪肥施用决策间的相关系数；atrho32 为粪肥与商品有机肥施用决策间的相关系数；Wald χ^2 为 Wald 卡方检验值；Prob $>\chi^2$ 为 Wald 卡方检验 P 值；Log likelihood 为极大似然估计值。

表 4-11　不同兼业类型农户对不同属性技术选择的模型估计结果

自变量	未来化肥减量施用	未来商肥增施	未来粪肥增施
农户类型			
中兼业户（以高兼业户为基准）	0.156 (0.200)	0.308* (0.172)	0.314* (0.164)
低兼业户（以高兼业户为基准）	0.416** (0.192)	0.169 (0.169)	0.376** (0.160)
环境激励			
有机肥购置补贴	0.257 (0.161)	0.936*** (0.154)	0.114 (0.145)
田间肥料技术培训	0.703*** (0.152)	0.506*** (0.149)	0.210 (0.143)

续表 4-11

自变量	未来化肥减量施用	未来商肥增施	未来粪肥增施
肥料施用服务	0.409*** (0.155)	0.591*** (0.140)	0.586*** (0.134)
区域变量			
北京	−0.002 (0.193)	−0.097 (0.181)	0.218 (0.172)
河北	−0.247 (0.178)	0.310** (0.157)	0.109 (0.147)
常数项	−1.484*** (0.183)	−1.026*** (0.155)	−0.669*** (0.145)
atrho21		0.270*** (0.091)	
atrho31		0.299*** (0.088)	
atrho32		0.605*** (0.093)	
Wald χ^2		155.64	
Prob $>\chi^2$		0.000	
Log likelihood =		−689.374	

注：1. *、**、***分别表示在10%、5%、1%的水平上显著；括号中数字为标准误。

2. atrho21 为化肥与商品有机肥施用决策间的相关系数；atrho31 为化肥与粪肥施用决策间的相关系数；atrho32 为粪肥与商品有机肥施用决策间的相关系数；Wald χ^2 为 Wald 卡方检验值；Prob $>\chi^2$ 为 Wald 卡方检验 P 值；Log likelihood 为极大似然估计值。

本章小结

本章聚焦异质性种植户肥料技术选择偏向讨论。基于考虑禀赋约束和技术属性的农户技术选择理论模型与实证检验，阐明了异质性种植户肥料技术选择具有差异的根本原因，对提出的假设进行了一一检验。研究发现，异质性种植户在不同属性技术的选择上差别明显，不同类型种植户自身禀赋差异所造成的约束很大程度上解释了其肥料技术选择偏向。具体结论如下：

一是种植户资本禀赋约束对其选择带有节资属性的技术具有显著的影响。因而资本禀赋约束突出的低兼业户更偏向于选择带有节资属性的化肥减量施用技术和粪肥增施技术；而资本禀赋较为充裕的苹果种植户和中兼业户有能力通过资本投入采用商品有机肥增施技术来实现生产目标。

二是种植户土地-劳动力禀赋充裕对其选择带有增劳属性的技术有显著影响。因而劳动力禀赋约束较弱的苹果种植户、中兼业户和低兼业户均倾向于采纳带有增劳属性的粪肥增施技术，低兼业户对该技术采纳的偏向性高于中兼业户。

三是种植户风险规避态度对其选择具有产出不确定性特征的技术有明显的影响。因而风险规避态度强烈的低兼业户更偏向于选择带有控险属性的粪肥增施技术；而风险偏好较强的苹果种植户愿意承担风险采纳具有增险属性的化肥减量施用技术和商品有机肥增施技术来实现苹果生产的提质增效。

第五章

种植户畜禽粪便有机肥施用决策的激励驱动研究

引言：通过第四章技术选择偏向的实证分析，阐明了异质性种植户技术选择行为偏向的内在禀赋约束。那么，当前的外部激励措施是否会影响种植户畜禽粪便有机肥施用行为决策？本章将进一步讨论种植户畜禽粪便有机肥施用行为的外部驱动因素及影响机理。剖析外部激励对种植户畜禽粪便有机肥施用行为决策的影响有助于厘清外部激励影响种植户技术采纳行为过程的作用路径和逻辑机理，为探索如何提高种植户采纳畜禽粪便有机肥施用技术的行为主动性，如何通过外部激励使种植户形成施用畜禽粪便有机肥的内生长效机制提供理论与实践依据。

理性小农是否采纳一项技术是权衡成本和收益后做出的理性决策。种植户作为畜禽粪便有机肥的施用行为主体，是否选择畜禽粪便有机肥行为主要取决于对该行为带来预期收益增加的判断。当技术采纳的预期边际收益高于预期边际成本，则种植户倾向于采纳该技术。边际收益的提高来自于农户市场收益的增加和生产成本的降低（王常伟和顾海英，2013）。而当前绿色农产品市场机制不足，农产品市场价格不能平衡畜禽粪便有机肥施用导致的成本增加（耿宇宁等，2017），此时，基于生产端的外部激励环境作为市场激励机制的一项有效补充便显得尤为重要。

第一节 理论框架与研究假说

行为决策由个体情感、认知等内在需要与外部环境交互作用决定，是外部环境引起内部认知改变激发行为动机的过程（费红梅等，2019）。农户技术采纳行为决策是由内部心理认知与外部环境变化耦合约束的结果，同时行为决策效果随农户个体特征差异也会存在显著不同（Newman 等，2015；Ma 等，2014）。

本部分研究基于行为经济学领域中的 SOR 与 MOA 理论分析框架，SOR 理论体系主要阐述了外部环境因素对个人的心理认识、情绪反应、行为决定的作用，着重于对个人行为机制的分析，强调心理认知的中介因素。但 SOR 理论分析框架不能很好地反映个体的能力水平对个体行为决策的影响，因此，本部分讨论将结合 MOA 理论分析框架进行拓展，将 MOA 理论分析框架中的能力因子（Ability，A）纳入 SOR 理论分析模型，对应种植户禀赋条件，构建种植户畜禽粪便有机肥施用行为驱动机制的分析框架，利用整合分析框架增强模型对现实的解释程度。

外部激励是环境因素的重要组成内容，农业生产的激励结构和激励水平是引导农户优化施肥结构的有力路径。借鉴相关研究成果，综合考虑数据可操作性及地方实际情况，将有利于种植户畜禽粪便有机肥施用的外部情景措施作为外部激励，主要包括政府及第三方社会组织提供的商品有机肥购置补贴、田间肥料技术培训、肥料施用服务 3 种外部激励措施，其中商品有机肥购置补贴主要以项目补贴形式提高农民有机肥施入热情，各个试点区配套补贴金额不完全一致，以调研区域河北省秦皇岛市、遵化市为例，该市有机肥市场价为560元/吨，国家给予项目补贴400元/吨，种植户购买有机肥时需自费160元/吨，随着试点工作的不断扩大，各个地区的商品有机肥购置补贴为150～480元/吨不等；田间肥料技术培训的重点在于实地指导学习，专家可以将肥料技术施用要点及成效亲身示范给种植户，同时，种植户可以在实践操作过程中随时提出疑难问题并获得相应解答，调研过程中发现，种植户普遍认为田间肥料技术培训学习效果要远高于普通宣传手册学习及课堂讲座学习；肥料施用服务主要指涉及畜禽粪便肥料化利用全过程服务的服务组织，包括粪便收集、粪便加工、畜禽粪便肥料运输、畜禽粪便肥料施用等组织，肥料施用服务组织将是促进畜禽粪便肥料化利用的重要平台和抓手。

将种植户对畜禽粪便有机肥应用的技术感知作为其心理认知，主要包括肥料可得性感知、易用性感知、有效性感知3种认知因素。同时，种植户采纳技术普遍受其禀赋特征影响，种植户的新技术应用效果和风险抵抗能力取决于其自身能力水平。新技术推广的重要影响因素是技术属性，而不同种植户限于其自身能力水平差异，其对同一技术的内在感知存在明显差异，导致不同种植户个体具有不尽相同的技术采纳行为（朱月季等，2015）。鉴于此，本章将异质性种植户类型作为其能力的集合表征。

本章聚焦种植户禀赋特征、外部激励措施、内在感知因素，基于拓展的SOR理论分析框架构建种植户畜禽粪便有机肥施用行为驱动机制概念模型，按照两条逻辑思路展开，一是检验家庭禀赋对外部激励影响技术采纳行为是否存在调节效应；二是试图厘清外部激励通过内在感知影响种植户畜禽粪便有机肥施用行为的作用路径。具体的理论分析框架如图5-1所示。

畜禽粪便有机肥施用具有改善土壤肥力，降低农业面源污染等优点，但是其高成本、高风险以及收益缓慢的典型特征更为突出。小农户的风险规避特性使其更倾向于施用风险性小、短期收益明显的化肥，对畜禽粪便有机肥施用缺乏一定的积极性。外部激励措施可通过降低风险和利益驱使两条路径，激发种植户畜禽粪便有机肥施用的内生动力，进而影响其畜禽粪便有机肥技术采纳行为。由此提出：

假说H5-1：外部激励措施对种植户畜禽粪便有机肥技术采纳行为具有正

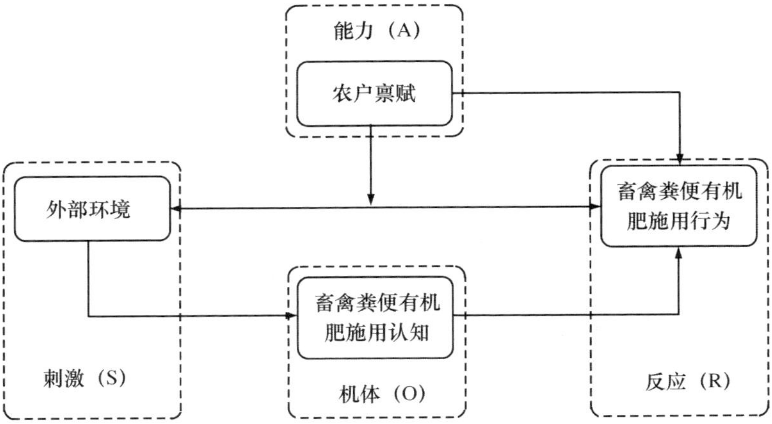

图 5-1　种植户畜禽粪便有机肥施用行为驱动机制分析框架

向影响。

理性小农学派的农户行为理论认为，农户行为决策在竞争性的市场机制下，是完全理性并满足利益最大化原则。作为理性经济人，当且仅当某项新技术或决策可以给农户带来正面的技术特征及效果时，农户才会采纳该项技术。技术感知是农户产生采纳绿色生产技术内生动力的关键心理要素。种植户畜禽粪便有机肥应用技术感知越正面，其越倾向于施用畜禽粪便有机肥。由此提出：

假说 H5-2：种植户畜禽粪便有机肥应用技术感知对其技术采纳行为有正向影响。

外部激励措施以转变农户生产行为方式为目的，短期内无法直接提高农户的经济收入。农户对外在激励措施的接受程度与其自身的认知及偏好有关，新技术推广的重要影响因素是技术属性，而不同种植户限于其自身能力水平差异，其对同一技术的内在感知存在明显差异，导致不同种植户个体具有不尽相同的技术采纳行为（朱月季等，2015）。一方面，禀赋资源丰富意味着农户具有大量的生产经验和知识储备，具有较强的信息获取和认知能力，有利的外部激励措施可以迅速促进该类种植户将行为认知转化为实际的技术采纳行为；另一方面，各式外部激励措施带来的功能效应不同，种植户会基于自身要素禀赋，选择能够有效释放其要素禀赋约束的外部激励措施，使自身禀赋可以和相应的农业技术匹配。因此，面对同一外部激励，种植户禀赋差异导致其形成不尽相同的接受态度，影响其畜禽粪便有机肥施用行为。由此提出：

假说 H5-3：种植户禀赋异质性在外部激励和畜禽粪便有机肥施用行为之间发挥调节作用。

行为经济学认为，将心理学因素引入行为决策分析框架可以在很大程度上解释个体行为的不确定性，同时，SOR 理论分析框架强调了个体心理认知作为中介要素作用于外部环境改变对个体行为反应影响机制。本部分讨论中，将有利于种植户畜禽粪便有机肥施用的外部情景措施作为刺激因素，主要包括商品有机肥购置补贴、田间肥料技术培训、肥料施用服务 3 种外部情景措施；将种植户对畜禽粪便有机肥应用的技术感知作为其心理认知，主要包括肥料可得性感知、易用性感知、有效性感知 3 种认知因素。外部激励措施需要通过满足种植户节本增效、增产增收的实际需求，激发其施用畜禽粪便有机肥的主观能动性，促进其形成积极的内生感知动力，进一步对其畜禽粪便有机肥施用行为产生实质性的促进作用。由此提出：

假说 H5-4：种植户畜禽粪便有机肥应用技术感知在外部激励和畜禽粪便有机肥施用行为之间发挥中介作用。

第二节　调节效应检验

一、模型设定

本节的分析仍旧采用多元回归模型进行回归。在分析采用不同决策的影响因素的同时考察采用不同决策间的关联效应（Lorenzo Cappellari 等，2003）。

本部分采用的多元回归模型具体形式如下：

$$y^{*} = \alpha_0 + \sum_u \alpha_u x_u + \sum_v \beta_v control_v + D + \varepsilon \tag{5-1}$$

$$\varepsilon \sim MVN(0, \Psi) \tag{5-2}$$

$$y = \begin{cases} 1, y^* > 0 \\ 0, \text{其他} \end{cases} \tag{5-3}$$

其中：$y*$ 代表种植户对肥料的潜在需求，y 是 $y*$ 的观测变量，当 $y^* > 0$ 时，$y=1$，则代表种植户选择相应的肥料；x 为核心自变量，u 是核心自变量的数量，$control$ 为控制变量，v 是控制变量数量；D 为区域虚拟变量；ε 为随机扰动项。

调节效应的考察将在多元回归（Multivariate probit）模型的基础上进行分组回归讨论，即有：

$$y_{G_1}^* = \alpha_0 + \alpha_{G_1} Treat + \sum_v \beta_v control_v + D + \varepsilon \tag{5-4}$$

$$y_{G_2}^* = \alpha_0 + \alpha_{G_2} Treat + \sum_v \beta_v control_v + D + \varepsilon \tag{5-5}$$

其中：$Treat$ 表示外部激励措施，$y_{G_1}^*$ 表示 Group1 组的肥料施用决策，$y_{G_2}^*$ 表示 Group2 组的肥料施用决策，α_{G_1} 表示外部激励措施对 Group1 组种植户的肥料施用决策影响系数，α_{G_2} 表示外部激励措施对 Group2 组种植户的肥料施用决策影响系数，通过 α_{G_1} 与 α_{G_2} 的差异性来讨论外部激励措施对异质性种植户肥料施用决策的影响。

二、变量选择

本节所使用的数据源自课题组于 2019 年 8 月至 2020 年 1 月期间赴北京市、天津市、河北省 3 地开展的苹果、玉米种植户实地问卷调查。

（1）因变量选择。本章所讨论的肥料选择决策行为仍旧是肥料技术的选择行为，肥料技术的选择行为在本章中的指代变量为：化肥施用技术采纳行为、商品有机肥施用技术采纳行为及粪肥施用技术采纳行为。三类肥料技术选择决策对应的调研问题为“苹果/玉米种植过程中，您是否施用了化肥？”“苹果/玉米种植过程中，您是否施用了商品有机肥？”“苹果/玉米种植过程中，您是否施用了粪肥？”。本章内容重点考察种植户畜禽粪便有机肥施用行为的关键影响因素及影响机理，将化肥施用行为纳入模型中，主要是考虑到肥料间的关联效应，避免遗漏重要变量。

如图 5-2 所示，种植户施用商品有机肥、粪肥的比例远低于施用化肥的比例，说明实际生产中，无机-有机肥料投入存在严重失衡，粪肥采纳比例总体相对高于商品有机肥施用比例。分农户种植类型来看，苹果种植户畜禽粪便有机肥施用比例较高，玉米种植户畜禽粪便有机肥施用积极性太弱；分农户兼业类型来看，中兼业户、低兼业户在畜禽粪便有机肥施用行为相对积极，高兼业户畜禽粪便有机肥投入明显不足。

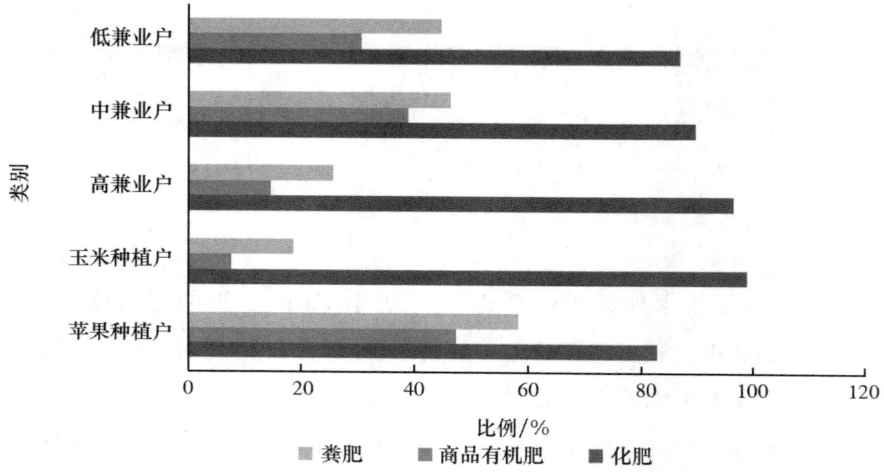

图 5-2　种植户肥料施用行为数据分布

数据来源：调研数据统计

（2）自变量选择。本章重点讨论外部激励措施对异质性种植户肥料施用行为的影响。其他控制变量包括农户生产禀赋要素条件、肥料施用感知、家庭农业经营决策者特征等。外部激励措施可通过降低风险和利益驱使两条路径，激发种植户畜禽粪便有机肥施用的内生动力，进而影响其畜禽粪便有机肥技术采纳行为。本部分研究将有利于种植户畜禽粪便有机肥施用的外部情景措施作为外部激励，主要包括政府及第三方社会组织提供的商品有机肥购置补贴、田间肥料技术培训、肥料施用服务 3 种外部激励措施。“商品有机肥购置补贴”即指种植户是否接受过商品有机肥购置补贴（包括往年接受和当年接受）；“田间肥料技术培训”即指种植户家庭过去 3 年内是否参加过田间肥料技术培训（包括政府、企业及第三方组织的培训）；“肥料施用服务”即指种植户所在村镇是否有粪便收集、粪便加工、畜禽粪便肥料运输、畜禽粪便肥料施用组织（有其中任意一个组织就可以）。

在第四章实证分析结果中，苹果种植户、玉米种植户和不同兼业类型的种植户在生产要素禀赋、个体家庭特征方面具有显著差异性，本部分研究中，仍旧选取两组种植户，讨论异质性种植户之间外部激励措施对其畜禽粪便有机肥施用行为的影响差异。表 5-1 展示了异质性种植户的外部激励措施接受情况。

表 5-1　异质性种植户的外部激励情况

种植户类型	数量/个	商品有机肥购置补贴/%	田间肥料技术培训/%	肥料施用服务/%
苹果种植户	238	87.68	35.29	60.50
玉米种植户	199	12.56	18.59	25.13
高兼业户	117	26.50	23.93	32.48
中兼业户	157	38.85	35.67	47.13
低兼业户	163	33.13	22.70	50.31

数据来源：调研数据统计

不同种植类型种植户之间。三项外部激励措施主要是针对推进果蔬茶种植户有机肥替代化肥行为设计的措施，所以苹果种植户能够更大概率享受到这些激励措施，但这些措施并不是仅针对果蔬茶种植户，通过接受比例可以发现，玉米种植中也有一小部分种植户主动接受了这些外部激励措施。不同兼业类型种植户之间。与高兼业户和低兼业户相比，中兼业户更容易接受外部激励措施，主要是因为中兼业户要素禀赋约束相对较低、生产经验和文化水平相对较高，使其对相关外部激励措施的关注度和认可度较高，更容易接受外部激励措施。

三、实证结果及分析

（1）外部激励对种植户肥料施用行为的影响。表 5-2 回归结果显示，商品有机肥购置补贴、田间肥料技术培训、肥料施用服务由于都是针对种植户有机肥替代化肥施用行为设计的激励措施，所以均对种植户化肥施用行为具有负向影响，其中，田间肥料技术培训显著抑制了种植户化肥施用行为。三项激励措施均对种植户畜禽粪便有机肥施用具有正向影响。其中，商品有机肥购置补贴、田间肥料技术培训、肥料施用服务对种植户商品有机肥施用行为具有显著促进作用，并且商品有机肥购置补贴对种植户商品有机肥施用行为的促进作用最大；肥料施用服务对种植户粪肥施用行为具有显著促进作用。

（2）肥料施用感知对种植户肥料施用行为的影响。表 5-2 回归结果显示，肥料施用感知正向影响种植户肥料施用行为。对于种植户化肥施用行为来说，只有化肥易用性感知有效性感知对化肥施用行为具有显著正向影响，而化肥可得性感知并不能显著影响其化肥施用行为，主要是因为种植户对化肥可得性感知普遍较高，感知差异性不强，所以对其行为没有显著的影响性；可得性感知、易用性感知、有效性感知均显著影响种植户畜禽粪便有机肥施用行为，其中可得性感知的影响程度较大，体现出种植户在畜禽粪便有机肥获取方面存在一定障碍，有效性感知的影响程度相对较小，主要是因为种植户对畜禽粪便有机肥的有用性普遍较为认可，促进空间不高。

表 5-2　种植户肥料选择的估计结果

自变量	施用化肥	施用商品有机肥	施用粪肥
外部激励			
有机肥购置补贴	−0.446 (0.272)	1.197*** (0.274)	0.104 (0.214)
田间肥料技术培训	−0.557** (0.249)	0.466* (0.270)	0.014 (0.211)
肥料施用服务	−0.036 (0.267)	0.767*** (0.276)	0.427** (0.194)
肥料施用感知			
可得性感知	0.245 (0.243)	1.881*** (0.291)	1.965*** (0.218)
易用性感知	0.337*** (0.123)	1.217*** (0.266)	0.415*** (0.108)
有效性感知	0.332** (0.132)	0.450*** (0.146)	0.307*** (0.071)
农户生产要素禀赋条件			
资本禀赋	0.136 (0.095)	−0.204*** (0.274)	−0.072 (0.075)
土地-劳动力禀赋	−0.386*** (0.136)	0.260*** (0.104)	0.211** (0.090)
风险规避态度	0.412 (0.275)	−0.755*** (0.291)	−0.123 (0.211)

续表 5-2

自变量	施用化肥	施用商品有机肥	施用粪肥
家庭农业经营决策者特征			
受教育程度	0.050 (0.034)	−0.010 (0.036)	0.092*** (0.027)
种植经验	0.026** (0.011)	0.006 (0.010)	−0.012 (0.008)
公职身份	−0.072 (0.317)	−0.037 (0.340)	−0.166 (0.249)
加入合作社	0.446 (0.286)	0.792** (0.324)	−0.076 (0.233)
土地细碎化程度	−0.349** (0.156)	0.126 (0.145)	0.127 (0.122)
区域变量			
北京市	−1.580*** (0.369)	2.024*** (0.422)	1.052*** (0.266)
河北省	0.014 (0.383)	1.378*** (0.352)	0.356 (0.229)
常数项	−4.147** (1.631)	−16.356*** (2.114)	−11.759*** (1.181)
atrho21	−0.273		
atrho31	−0.264		
atrho32	0.585***		
Wald χ^2	288.56		
Prob $>\chi^2$	0.000		
Log likelihood =	−277.104		

注：1. *、**、*** 分别表示在 10%、5%、1%的水平上显著；括号中数字为标准误。资本禀赋、土地-劳动力禀赋、土地细碎化程度均采用对数形式。

2. atrho21 为化肥与商品有机肥施用决策间的相关系数；atrho31 为化肥与粪肥施用决策间的相关系数；atrho32 为粪肥与商品有机肥施用决策间的相关系数；Wald χ^2 为 Wald 卡方检验值；Prob $>\chi^2$ 为 Wald 卡方检验 P 值；Log likelihood 为极大似然估计值。

（3）外部激励对不同种植类型种植户肥料施用行为的影响。表 5-3 回归结果显示，商品有机肥购置补贴、田间肥料技术培训、肥料施用服务三种激励措施对苹果、玉米种植户商品有机肥施用行为均具有显著促进作用，肥料施用服务对苹果、玉米种植户粪肥施用行为均具有显著促进作用，这一结果与前述研究结果相同，说明该回归结果具有一定的稳健性。同时，各项措施对于玉米种植户的激励作用均大于对苹果种植户的激励作用，主要原因正如第四章实证分析的结论所言，受到初始禀赋条件的影响，玉米种植户在施用畜禽粪便有机肥时所受到的禀赋约束相较于苹果种植户来说更为明显，在没有外部激励措施的情况下，玉米种植户自身主动选择施用畜禽粪便有机肥的行为概率更低，所以当外部激励出现时，这些措施对玉米种植户禀赋约束的释放作用效果更大，从而更加显著地促进其畜禽粪便有机肥施用行为的发生。

表 5-3 种植户肥料选择的估计结果-按种植类型分类

自变量	苹果种植户		玉米种植户	
	施用商品有机肥	施用粪肥	施用商品有机肥	施用粪肥
有机肥购置补贴	1.410*** (0.197)	−0.041 (0.177)	1.609*** (0.370)	−0.335 (0.359)
田间肥料技术培训	0.673*** (0.198)	−0.059 (0.172)	0.882* (0.468)	−0.193 (0.286)
肥料施用服务	0.627*** (0.207)	0.213* (0.184)	1.152*** (0.388)	1.042*** (0.231)
肥料施用感知	已控制	已控制	已控制	已控制
要素禀赋条件	已控制	已控制	已控制	已控制
决策者特征	已控制	已控制	已控制	已控制
区域变量	已控制	已控制	已控制	已控制
atrho21	−0.053		——	
atrho31	−0.241**		——	
atrho32	0.553***		0.161	
Wald χ^2	116.71		46.09	
Prob $>\chi^2$	0.000		0.000	
Log likelihood =	−352.694		−118.040	

注：1. *、**、*** 分别表示在 10%、5%、1%的水平上显著；括号中数字为标准误。以种植类型为调节变量的多元 Probit 回归中，苹果种植户和玉米种植户的回归依旧是以化肥施用决策、商品有机肥施用决策、粪肥施用决策为因变量进行联合估计，只是在结果讨论中忽略化肥施用决策的结果展示。由于玉米种植户 100%选择施用化肥，所以在该部分回归方程中无法对该种植户化肥选择行为作进一步估计。

2. atrho21 为化肥与商品有机肥施用决策间的相关系数；atrho31 为化肥与粪肥施用决策间的相关系数；atrho32 为粪肥与商品有机肥施用决策间的相关系数；Wald χ^2 为 Wald 卡方检验值；Prob $>\chi^2$ 为 Wald 卡方检验 P 值；Log likelihood 为极大似然估计值。

（4）外部激励对不同兼业类型种植户肥料施用行为的影响。表 5-4 回归结果显示，商品有机肥购置补贴、田间肥料技术培训、肥料施用服务 3 种激励措施对高兼业户、中兼业户、低兼业户商品有机肥施用行为均具有显著促进作用，肥料施用服务对高兼业户、中兼业户、低兼业户粪肥施用行为均具有显著促进作用，这一结果与前述研究结果相同，说明该回归结果具有一定的稳健性。同样可以发现，同一激励措施对不同兼业程度种植户影响程度有差异，形成差异性的主要原因同样是受到了初始禀赋条件的影响。商品有机肥购置补贴、肥料施用服务对低兼业户商品有机肥施用行为的促进作用更明显，主要是因为低兼业户的经济资本、物质资本、信息资源等禀赋条件相对于其他两类种植户较差，商品有机肥购置补贴和肥料施用服务可以更显著地缓解其在初始禀赋上的约束；田间肥料技术培训对高兼业户商品有机肥施用行为的促进作用更明显，同时，肥料施用服务对其粪肥施用行为的促进作用更明显，主要是因为高兼业户的劳动力资本、信息资源等禀赋条件相对于其他两类种植户较差，田间肥料技术培训和肥料施用服务可以更显著地缓解其在初始禀赋上的约束。

表 5-4　种植户肥料选择的估计结果（按兼业类型分类）

自变量	高兼业户		中兼业户		低兼业户	
	施用商品有机肥	施用粪肥	施用商品有机肥	施用粪肥	施用商品有机肥	施用粪肥
有机肥购置补贴	1.733*** (0.457)	−0.190 (0.331)	1.194*** (0.255)	0.317 (0.239)	1.893*** (0.282)	0.312 (0.237)
田间肥料技术培训	1.096** (0.472)	0.385 (0.300)	0.698*** (0.254)	−0.019 (0.225)	0.553* (0.317)	−0.023 (0.250)
肥料施用服务	0.716* (0.400)	1.165*** (0.276)	0.839*** (0.252)	0.605*** (0.229)	0.944*** (0.344)	0.444** (0.225)
肥料施用感知	已控制	已控制	已控制	已控制	已控制	已控制
要素禀赋条件	已控制	已控制	已控制	已控制	已控制	已控制
决策者特征	已控制	已控制	已控制	已控制	已控制	已控制
区域变量	已控制	已控制	已控制	已控制	已控制	已控制
atrho21	——		−0.034		0.043	
atrho31	——		−0.121		−0.131	
atrho32	−0.495*		−0.259*		−0.078*	

续表 5-4

自变量	高兼业户		中兼业户		低兼业户	
	施用商品有机肥	施用粪肥	施用商品有机肥	施用粪肥	施用商品有机肥	施用粪肥
Wald χ^2	45.69		93.63		92.82	
Prob $>\chi^2$	0.000		0.000		0.000	
Log likelihood =	−79.152		−199.934		−209.086	

注：1. *、**、***分别表示在10%、5%、1%的水平上显著；括号中数字为标准误。以兼业户为调节变量的多元 Probit 回归中，三类兼业户的回归依旧是以化肥施用决策、商品有机肥施用决策、粪肥施用决策为因变量进行联合估计，只是在结果讨论中忽略化肥施用决策的结果展示。由于高兼业种植户 100%选择施用化肥，所以在该部分回归方程中无法对该种植户化肥选择行为做进一步估计。

2. atrho21 为化肥与商品有机肥施用决策间的相关系数；atrho31 为化肥与粪肥施用决策间的相关系数；atrho32 为粪肥与商品有机肥施用决策间的相关系数；Wald χ^2 为 Wald 卡方检验值；Prob $>\chi^2$ 为 Wald 卡方检验 P 值；Log likelihood 为极大似然估计值。

四、稳健性检验

考虑到外部激励措施对种植户畜禽粪便有机肥施用行为的影响可能具有自选择偏误。本节采用倾向得分匹配法创造一个随机实验条件，从而使接受外部激励措施和未接受外部激励措施两组种植户可直接比较。根据农户的基本特点，逐一进行评分，选出两组间得分最相近的农户，以确定“处理组”和“反事实”的对照组，在满足所有特征变量相匹配的情况下，研究单个外部激励措施的改变对种植户畜禽粪便有机肥施用行为的影响（Rosenbaum 和 Rubin，1983）。

图 5-3 至图 5-6 分别是“有无商品有机肥购置补贴组”“有无田间肥料技术培训组”“有无畜禽粪肥施用服务组”3 组种植户倾向得分匹配前后的密度函数图。结果表明，匹配前后密度函数具有较大面积的重合，说明共同支撑域的情况较为理想。

将研究对象分为 3 组：“补贴组”种植户和“非补贴组”种植户、“参与培训组”种植户和“未参与培训组”种植户、“接受施用服务组”种植户和“未接受施用服务组”种植户。本研究用半径匹配、K 近邻匹配、核匹配方法及局部线性匹配 4 种匹配方法，并且同时采用自主抽样法（Bootstrapping）迭代 500 次来分析外部激励措施对种植户畜禽粪便有机肥施用行为的影响。

不同匹配方法的估计结果高度一致，说明估计结果具有稳健性。

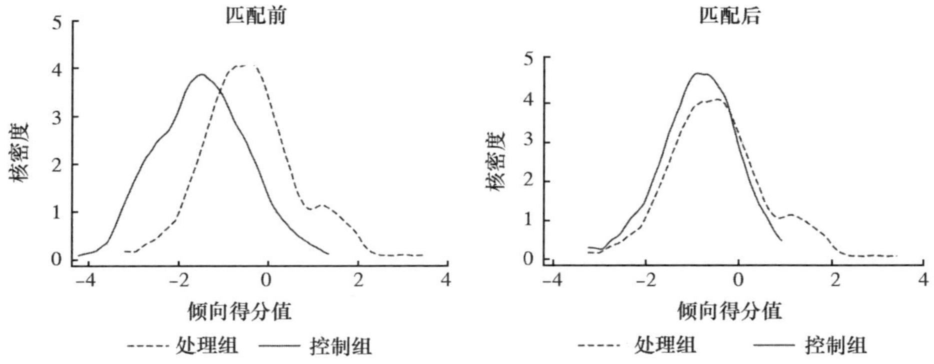

图 5-3 匹配前后“是否有技术培训”的商品有机肥施用 PS 值概率分布对比

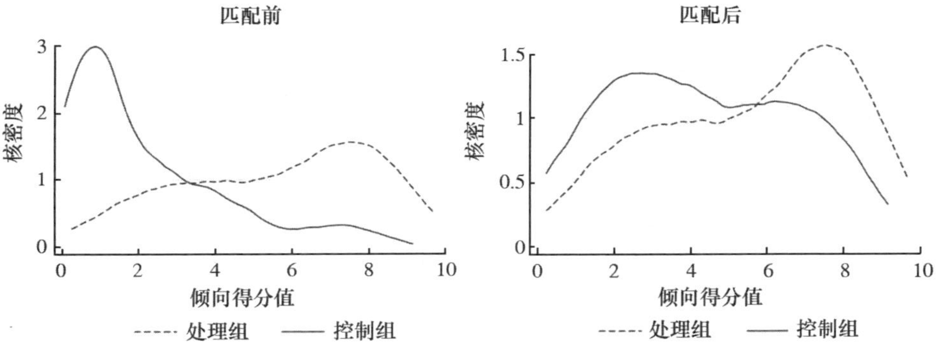

图 5-4 匹配前后“是否有补贴”的商品有机肥施用 PS 值概率分布对比

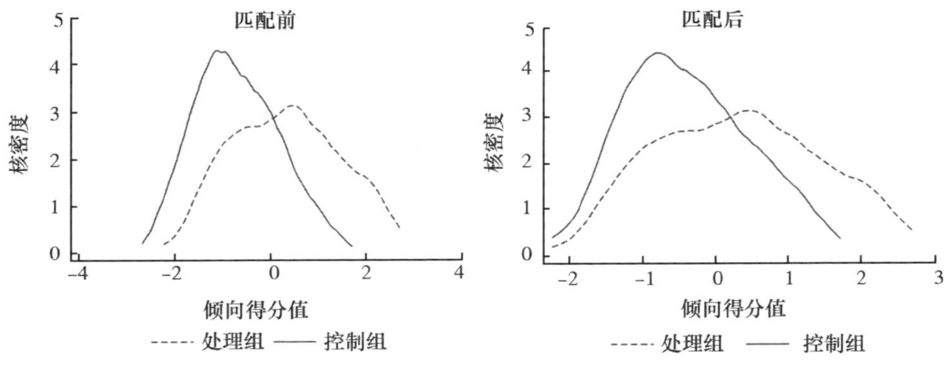

图 5-5 匹配前后“是否有施肥服务”的商品有机肥施用 PS 值概率分布对比

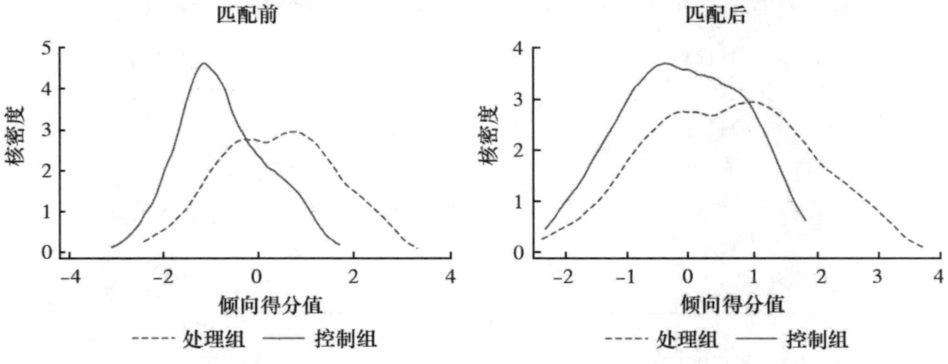

图 5-6　匹配前后“是否有施肥服务”的粪肥施用 PS 值概率分布对比

由表 5-5 可知，匹配前后商品有机肥购置补贴、田间肥料技术培训、肥料施用服务对种植户商品有机肥施用行为具有显著促进作用，肥料施用服务对种植户粪肥施用行为具有显著促进作用，这多元 Probit 模型的估计结果一致，说明外部激励措施和种植户畜禽粪便有机肥施用行为之间不存在显著的自选择偏差。

表 5-5　外部激励措施与畜禽粪便有机肥施用行为

匹配方法	是否补贴与商品有机肥施用	是否培训与商品有机肥施用	是否有服务与商品有机肥施用	是否有服务与粪肥施用
半径匹配	0.375*** (0.081)	0.101 (0.067)	0.198*** (0.062)	0.207*** (0.075)
K 近邻匹配	0.354*** (0.080)	0.107* (0.063)	0.190*** (0.064)	0.197*** (0.072)
核匹配	0.380*** (0.071)	0.109** (0.053)	0.177*** (0.054)	0.182*** (0.064)
局部线性匹配	0.390*** (0.071)	0.108* (0.057)	0.181*** (0.062)	0.167*** (0.060)

注：模型均控制了其他外部激励措施变量、肥料施用感知变量、种植户个人及家庭特征变量及区域变量，*、**、***分别表示估计结果在 10%、5%、1%的水平上显著，括号内数值为采用自主抽样法（Bootstrapping）迭代 500 次的标准误。半径匹配中半径设定为 0.01，K 近邻匹配距离设定为 4，核匹配的宽度为 0.06。

第三节 中介效应检验

一、模型设定

依据理论分析框架，外部激励措施会通过内在技术感知影响种植户畜禽粪便有机肥施用行为决策，由于内在技术感知分为可得性感知、易用性感知、有效性感知 3 类因素，运用 Baron and Kenny（1986）的多重中介效应模型来进行实证检验。

$$Y_i = \alpha_0 + \alpha_1 Treat_i + \sum \alpha_k X_{ki} + \varepsilon_1 \tag{5-6}$$

$$M_i = \beta_0 + \beta_1 Treat_i + \sum \beta_k X_{ki} + \varepsilon_2 \tag{5-7}$$

$$Y_i = \gamma_0 + \gamma_1 Treat_i + \gamma_2 M_i + \sum \gamma_k X_{ki} + \varepsilon_3 \tag{5-8}$$

其中，Y_i 表示种植户 i 的畜禽粪便有机肥施用行为决策，包括商品有机肥施用决策和粪肥施用决策；$Treat_i$ 表示种植户 i 外部激励措施；M_i 为中介变量，包括肥料施用技术的可得性感知、易用性感知和有效性感知；X_{ki} 表示一组 k 个可能同时影响种植户畜禽粪便有机肥施用行为决策的其他解释变量；α_0、β_0 和 γ_0 为常数项，α_1、α_k、β_1、β_k、γ_1、γ_2、γ_k 为相应自变量的回归系数，ε 为残差扰动项。

中介变量作用机理示意图如图 5-7 所示。

借鉴温忠麟等（2012）的研究，第一步先对模型（5-6）进行回归，检验外部激励措施是否对种植户畜禽粪便有机肥施用行为决策有显著影响，如果显著，可以进行下一步，若不显著，中介效应分析结束；第二步对模型(5-7)进行回归，检验外部激励措施是否对种植户肥料施用技术感知有显著影响；第三步对模型（5-8）进行回归，检验加入中介变量 M_i 后，外部激励措施是否对种植户畜禽粪便有机肥施用行为决策有显著影响。β_1 和 γ_2 显著说明中介效应存在，γ_1 也显著存在部分中介效应，γ_1 不显著存在完全中介效应；至少有一个不显著，通过 Sobel 检验来判定是否存在中介效应。若存在，α_1 为外

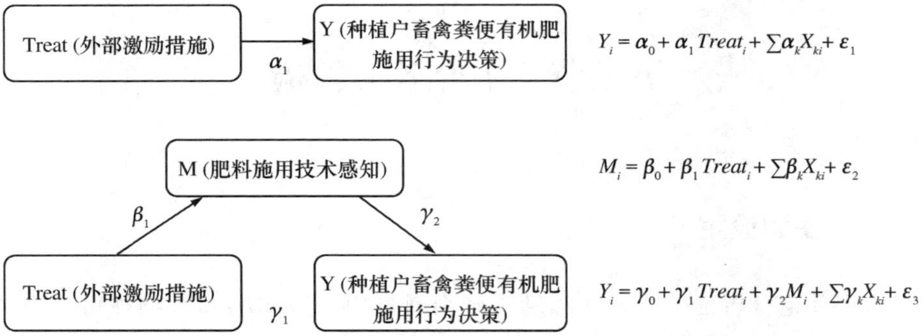

图 5-7　中介变量作用机理示意图

部激励措施对种植户畜禽粪便有机肥施用行为决策的总效应，$\beta_1\gamma_2$ 为中介效应或间接效应。本文同时采用 Sobel（1982）和 Bootstrap 检验程序进行中介效应检验 。检验程序如图 5-8 所示。

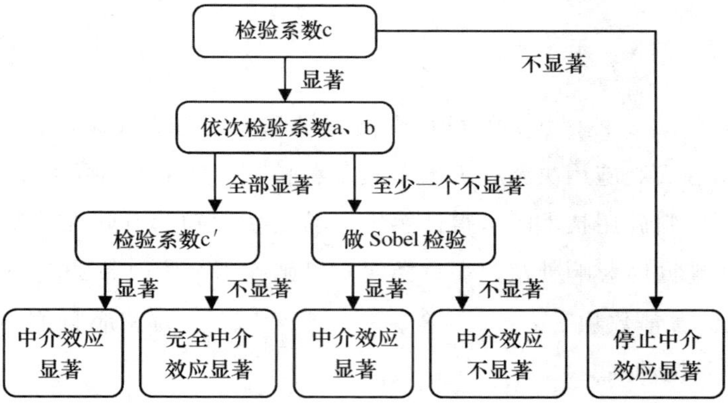

图 5-8　中介效应检验图

二、变量选择

本节所使用的数据源自课题组于 2019 年 8 月至 2020 年 1 月期间赴北京市、天津市、河北省 3 地开展的苹果、玉米种植户实地问卷调查。

（1）因变量选择。本节中介效应的因变量选择与上部分调节效应的因变量选择情况完全一致。包括化肥施用技术采纳行为（是/否）、商品有机肥施用技术采纳行为（是/否）及粪肥施用技术采纳行为（是/否）。种植户肥料施用行为数据分布情况上部分已做讨论，本节不再赘述。

（2）自变量选择。本节重点讨论外部激励措施通过对种植户肥料施用感知影响进而促进对其肥料施用行为。其他控制变量包括农户生产禀赋要素条件、家庭农业经营决策者特征等。个体对技术的成本投入和收益感知是决定农户技术采用最重要的因素（Blanke A，2007），种植户作为施用畜禽粪便有机肥的行为主体，是否选择施用畜禽粪便有机肥主要取决于其对该行为带来预期收益增加的判断（何丽娟，2019）。畜禽粪便有机肥技术的成本投入感知主要包括获得交易成本、购买成本、人力投入感知等，对其收益的感知包括土壤的改善感知、作物产量增加感知和作物品质的优化感知。制度经济学理论提出，新技术的有用性、易用性与普适性是农户采纳的重要影响因素（霍瑜等，2016）。基于此，本部分研究选取“容易获得”“质量有保障”“省钱”“省人力”4个变量作为畜禽粪便有机肥技术的成本投入感知因素，将“容易获得”单独列为“可得性感知”指标，作为种植户畜禽粪便有机肥获取的交易成本感知，将“质量有保障”“省钱”“省人力”3个变量利用熵值法形成“易用性感知”综合指标；同时选取“改善土壤肥力”“提高作物产量”“优化作物品质”3个变量作为种植户畜禽粪便有机肥施用的预期收益感知，利用熵值法形成“有效性感知”综合指标。肥料施用感知指标构建方法如下：

①计算信息熵。计算公式如下：

$$p_{ij}=\frac{Y_{ij}}{\sum_{i=1}^{n}Y_{ij}},i=1,\cdots,n,j=1,\cdots,m \tag{5-9}$$

$$E_j=-\ln(n)^{-1}\sum_{i=1}^{n}p_{ij}\ln p_{ij} \tag{5-10}$$

其中：p_{ij}为第i个种植户的在第j个指标上的指标值比值，代表该指标的变异大小；E_j为评价指标的熵值，熵值越大说明数据携带的有效信息越少，则该指标在综合评价指标体系中的作用越小。

②确定指标权重。计算公式如下：

$$w_j=\frac{1-E_j}{k-\sum E_j}\qquad(j=1,2,\cdots,m) \tag{5-11}$$

③评价综合得分。计算公式如下：

$$S_i = \sum_{j=1}^{m} w_j \cdot p_{ij} \tag{5-12}$$

通过以上计算公式可获得种植户畜禽粪便有机肥（商品有机肥/粪肥）的施用感知指标数值。由于化肥与有机肥的施用决策具有关联性，所以在采用多元 Probit 模型时，要同时加入化肥施用决策回归方程。化肥施用技术感知的构建方法与畜禽粪便有机肥相同。表 5-6 展示了种植户肥料施用技术感知变量情况。

表 5-6　种植户肥料施用技术感知变量情况

指标名称	化肥	商品有机肥	粪肥
可得性感知	4.558	3.224	3.286
容易获得	4.558	3.224	3.286
易用性感知	5.945	5.613	5.356
质量有保障	2.375	3.545	3.455
省钱	4.007	2.874	3.419
省人力	3.272	3.384	2.693
有效性感知	4.001	6.363	6.693
改善土壤肥力	1.838	3.721	3.938
提高作物产量	3.581	3.590	3.815
优化作物品质	1.886	3.712	3.842

数据来源：调研数据统计

注：感知评价值为 1—5，5 表示该指标感知最强烈。

由表 5-6 可知，可得性方面，畜禽粪便有机肥的可得性较低，说明种植户认为畜禽粪便有机肥在购置获得方面存在障碍；易用性方面，种植户对肥料质量的感知态度普遍不高，尤其是对化肥的质量感知，种植户对商品有机肥的现金成本投入感知态度较低，这与商品有机肥价格偏高的显示情况相符，种植户普遍认为粪肥施用需要消耗大量人力，所以对粪肥施用的人力投入感知态度较为负面；有效性感知方面，种植户对畜禽粪便有机肥施用的有效性感知整体相对较高，对化肥施用的土壤肥力改善和作物品质优化感知态度非常低。整体来说，种植户肥料施用感知在一定程度上反映了肥料施用的现实情况。

三、实证结果及分析

由于因变量种植户商品有机肥、粪肥施用与否均为离散的二值选择，故模型（5-6）和模型（5-8）采用二元 Probit 模型估计；模型（5-7）中因变量“可得性感知”“易用性感知”“有效性感知”为连续变量，故采用 OLS 估计。运用 Stata17.0 分别对 3 个模型进行估计。

（一）外部激励措施对种植户商品有机肥施用行为决策的影响

表 5-7 为商品有机肥购置补贴与种植户商品有机肥施用决策的回归结果，回归（1）对应模型（5-6），回归（2）-（4）对应模型（5-7），回归（5）对应模型（5-8）。回归（1）结果表明，在不考虑中介效应情况下，商品有机肥购置补贴对种植户商品有机肥施用行为具有显著正向影响。回归（2）-（4）结果表明，中介效应方面，3 条中介作用路径均显著。商品有机肥购置补贴对商品有机肥施用的可得性感知、易用性感知、有效性感知的影响均在 1%的统计水平上显著，且估计系数为正，说明获得商品有机肥购置补贴的种植户，其对商品有机肥施用的技术感知越正面、积极。将中介变量引入模型（5-6）后，回归（5）结果显示，商品有机肥购置补贴、可得性感知、易用性感知、有效性感知变量均通过显著性检验，且商品有机肥购置补贴变量的估计系数由 1.367 下降到 1.254，结合回归（1）-（4）的结果，3 个中介变量均存在部分中介效应。

表 5-8 展示了 Sobel 检验和 Bootstrap 检验的结果，两种检验的结果基本一致，3 条中介路径均通过显著性检验，再次说明了 3 个中介效应的存在，商品有机肥施用的可得性感知、易用性感知、有效性感知 3 个变量的中介效应分别为 0.094、0.075 和 0.070，可得性感知的中介效应占总效应的比重为 22.94%，易用性感知的中介效应占总效应的比重为 10.99%，有效性感知的中介效应占总效应的比重为 17.04%，其中可得性感知的中介效应占比最大。因此，综合检验表明，商品有机肥购置补贴会通过正向影响种植户商品有机肥施用技术感知，促进其商品有机肥的施用行为。

表 5-7 商品有机肥购置补贴与商品有机肥施用决策

自变量	施用商品有机肥（基准）	可得性感知	易用性感知	有效性感知	施用商品有机肥（中介）
	回归（1）	回归（2）	回归（3）	回归（4）	回归（5）
核心解释变量					
有机肥购置补贴	1.367*** (0.184)	0.441*** (0.077)	0.450*** (0.096)	0.595*** (0.106)	1.254*** (0.270)
中介变量					
肥料可得性感知					1.744*** (0.282)
肥料易用性感知					1.136*** (0.262)
肥料有效性感知					0.453*** (0.153)
其他解释变量					
田间肥料技术培训	0.583*** (0.194)	1.110 (0.073)	0.149 (0.090)	0.216** (0.100)	0.509* (0.271)
肥料施用服务	0.881*** (0.187)	0.274*** (0.069)	0.397*** (0.085)	0.326*** (0.094)	0.792*** (0.274)
常数项	−1.702*** (0.621)	2.734*** (0.230)	5.174*** (0.285)	4.929*** (0.315)	−16.054*** (2.197)
要素禀赋条件	已控制	已控制	已控制	已控制	已控制
决策者特征	已控制	已控制	已控制	已控制	已控制
区域变量	已控制	已控制	已控制	已控制	已控制
Pseudo R^2/R^2	0.461	0.215	0.160	0.253	0.719
LR chi^2/F	243.42	7.71	5.35	9.48	379.81
Prob >chi^2/F	0.000	0.000	0.000	0.000	0.000
Log likelihood	−142.556	——	——	——	−74.364

注：1. *、**、***分别表示在10%、5%、1%的水平上显著；括号中数字为标准误。

2. Pseudo R^2/R^2为伪决定系数；LR chi^2/F为卡方统计量；Prob >chi^2/F为卡方检验P值；Log likelihood为极大似然估计值。

表 5-8 商品有机肥购置补贴对商品有机肥施用的中介影响效应测算

中介变量	Sobel 检验	Bootstrap 检验	中介效应	中介效应/总效应
路径 1：购置补贴→可得性感知→商品有机肥施用	0.094^{***} (0.020)	0.094^{***} (0.020)	0.094	22.94%
路径 2：购置补贴→易用性感知→商品有机肥施用	0.045^{**} (0.013)	0.045^{**} (0.013)	0.045	10.99%
路径 3：购置补贴→有效性感知→商品有机肥施用	0.070^{***} (0.016)	0.070^{***} (0.017)	0.070	17.04%

注：**、*** 分别表示在 5%、1%的水平上显著；括号中数字为标准误。

表 5-9 为田间肥料技术培训与种植户商品有机肥施用决策的回归结果，回归（1）对应模型（5-6），回归（2）-（4）对应模型（5-7），回归（5）对应模型（5-8）。回归（1）结果表明，在不考虑中介效应情况下，田间肥料技术培训对种植户商品有机肥施用行为具有显著正向影响。回归（2）-（4）结果表明，中介效应方面，仅有效性感知通过显著性检验。田间肥料技术培训对商品有机肥施用的有效性感知的影响在 5%的统计水平上显著，且估计系数为正，说明参与田间肥料技术培训的种植户，其对商品有机肥施用的技术有效性感知越正面、积极。将中介变量引入模型（5-6）后，回归（5）结果显示，田间肥料技术培训、可得性感知、易用性感知、有效性感知变量均通过显著性检验，且田间肥料技术培训变量的估计系数由 0.583 下降到 0.509，结合回归（1）-（4）的结果，运用依次检验法检验表明，易用性感知中介变量存在部分中介效应。可得性感知和易用性感知的中介效应还需要 Sobel 检验的进一步检验。

表 5-9 田间肥料技术培训与商品有机肥施用决策

自变量	施用商品有机肥（基准）	可得性感知	易用性感知	有效性感知	施用商品有机肥（中介）
	回归（1）	回归（2）	回归（3）	回归（4）	回归（5）
核心解释变量					
田间肥料技术培训	0.583^{***} (0.194)	1.110 (0.073)	0.149 (0.090)	0.216^{**} (0.100)	0.509^{*} (0.271)
中介变量					
肥料可得性感知					1.744^{***} (0.282)

续表 5-9

自变量	施用商品有机肥（基准）	可得性感知	易用性感知	有效性感知	施用商品有机肥（中介）
	回归（1）	回归（2）	回归（3）	回归（4）	回归（5）
肥料易用性感知					1.136*** (0.262)
肥料有效性感知					0.453*** (0.153)
其他解释变量					
有机肥购置补贴	1.367*** (0.184)	0.441*** (0.077)	0.450*** (0.096)	0.595*** (0.106)	1.254*** (0.270)
肥料施用服务	0.881*** (0.187)	0.274*** (0.069)	0.397*** (0.085)	0.326*** (0.094)	0.792*** (0.274)
常数项	−1.705*** (0.620)	2.737*** (0.230)	5.284*** (0.309)	5.005*** (0.385)	−11.835*** (1.658)
要素禀赋条件	已控制	已控制	已控制	已控制	已控制
决策者特征	已控制	已控制	已控制	已控制	已控制
区域变量	已控制	已控制	已控制	已控制	已控制
Pseudo R^2/R^2	0.460	0.213	0.106	0.179	0.685
LR chi^2/F	242.94	8.17	3.58	6.55	362.12
Prob >chi^2/F	0.000	0.000	0.000	0.000	0.000
Log likelihood	−142.800	——	——	——	−83.207

注：1. *、**、***分别表示在10%、5%、1%的水平上显著；括号中数字为标准误。

2. Pseudo R^2/R^2为伪决定系数；LR chi^2/F 为卡方统计量；Prob >chi^2/F 为卡方检验 P 值；Log likelihood 为极大似然估计值。

表 5-10 展示了 Sobel 检验结果和 Bootstrap 检验结果，两项检验结果基本一致，虽然在依次检验法中，仅有感知有用性一条中间路径显著，但在 Sobel 检验和 Bootstrap 检验中，发现感知易用性变量也通过了中介效应检验，商品有机肥施用的易用性感知、有效性感知两个变量的中介效应分别为 0.015、0.025，易用性感知的中介效应占总效应的比重为 11.97%，有效性感知的中介效应占总效应的比重为 20.38%，其中有效性感知的中介效应占比较大。因此，综合检验表明，田间肥料技术培训会通过正向影响种植户商品有机肥施用技术易用性感知、有效性感知，促进其商品有机肥的施用行为。

表 5-10 田间肥料技术培训对商品有机肥施用的中介影响效应测算

中介变量	Sobel 检验	Bootstrap 检验	中介效应	中介效应/总效应
路径 1：技术培训→可得性感知→商品有机肥施用	0.023 (0.016)	0.023 (0.016)	——	——
路径 2：技术培训→易用性感知→商品有机肥施用	0.015* (0.009)	0.015* (0.008)	0.015	11.97%
路径 3：技术培训→有效性感知→商品有机肥施用	0.025** (0.012)	0.025** (0.012)	0.025	20.38%

注：*、** 分别表示在 10%、5%的水平上显著；括号中数字为标准误。

表 5-11 为肥料施用服务与种植户商品有机肥施用决策的回归结果，回归（1）对应模型（5-6），回归（2）-（4）对应模型（5-7），回归（5）对应模型（5-8）。回归（1）结果表明，在不考虑中介效应情况下，肥料施用服务对种植户商品有机肥施用行为具有显著正向影响。回归（2）-（4）结果表明，中介效应方面，3 条中介作用路径均显著。肥料施用服务对商品有机肥施用的可得性感知、易用性感知、有效性感知的影响均在 1%的统计水平上显著，且估计系数为正，说明获得肥料施用服务的种植户，其对商品有机肥施用的技术感知越正面、积极。将中介变量引入模型（5-6）后，回归（5）结果显示，肥料施用服务、可得性感知、易用性感知、有效性感知变量均通过显著性检验，且肥料施用服务变量的估计系数由 0.881 下降到 0.792，结合回归（1）-（4）的结果，运用依次检验法检验表明，3 个中介变量均存在部分中介效应。

表 5-12 展示了 Sobel 检验结果和 Bootstrap 检验结果，两项检验结果基本一致，3 条中介路径均通过显著性检验，再次说明了 3 个中介效应的存在，商品有机肥施用的可得性感知、易用性感知、有效性感知 3 个变量的中介效应分别为 0.059、0.040 和 0.038，可得性感知的中介效应占总效应的比重为 31.08%，易用性感知的中介效应占总效应的比重为 21.16%，有效性感知的中介效应占总效应的比重为 20.37%，其中可得性感知的中介效应占比最大。因此，综合检验表明，肥料施用服务会通过正向影响种植户商品有机肥施用技术感知，促进其商品有机肥的施用行为。

表 5-11 肥料施用服务与商品有机肥施用决策

自变量	施用商品有机肥（基准）	可得性感知	易用性感知	有效性感知	施用商品有机肥（中介）
	回归（1）	回归（2）	回归（3）	回归（4）	回归（5）
核心解释变量					
肥料施用服务	0.881*** (0.187)	0.274*** (0.069)	0.397*** (0.085)	0.326*** (0.094)	0.792*** (0.274)
中介变量					
肥料可得性感知					1.744*** (0.282)
肥料易用性感知					1.136*** (0.262)
肥料有效性感知					0.453*** (0.153)
其他解释变量					
示范点技术培训	0.583*** (0.194)	1.110 (0.073)	0.149 (0.090)	0.216** (0.100)	0.509* (0.271)
有机肥购置补贴	1.367*** (0.184)	0.441*** (0.077)	0.450*** (0.096)	0.595*** (0.106)	1.254*** (0.270)
常数项	−1.705*** (0.620)	2.737*** (0.230)	5.284*** (0.309)	5.005*** (0.385)	−11.835*** (1.658)
要素禀赋条件	已控制	已控制	已控制	已控制	已控制
决策者特征	已控制	已控制	已控制	已控制	已控制
区域变量	已控制	已控制	已控制	已控制	已控制
Pseudo R^2/R^2	0.460	0.213	0.106	0.179	0.685
LR chi^2/F	242.94	8.17	3.58	6.55	362.12
Prob >chi^2/F	0.000	0.000	0.000	0.000	0.000
Log likelihood	−142.800	——	——	——	−83.207

注：1. *、**、***分别表示在10%、5%、1%的水平上显著；括号中数字为标准误。

2. Pseudo R^2/R^2为伪决定系数；LR chi^2/F为卡方统计量；Prob >chi^2/F为卡方检验P值；Log likelihood为极大似然估计值。

表 5-12　肥料施用服务对商品有机肥施用的中介影响效应测算

中介变量	Sobel 检验	Bootstrap 检验	中介效应	中介效应/总效应
路径 1：施用服务→可得性感知→商品有机肥施用	0.059^{***} (0.016)	0.059^{***} (0.014)	0.059	31.08%
路径 2：施用服务→易用性感知→商品有机肥施用	0.040^{***} (0.012)	0.040^{***} (0.011)	0.040	21.16%
路径 3：施用服务→有效性感知→商品有机肥施用	0.038^{***} (0.013)	0.038^{***} (0.012)	0.038	20.37%

注：*** 表示在 1%的水平上显著；括号中数字为标准误。

（二）外部激励措施对种植户粪肥施用行为决策的影响

表 5-13 为肥料施用服务与种植户粪肥施用决策的回归结果，回归（1）对应模型（5-6），回归（2）-（4）对应模型（5-7），回归（5）对应模型（5-8）。回归（1）结果表明，在不考虑中介效应情况下，肥料施用服务对种植户粪肥施用行为具有显著正向影响。回归（2）-（4）结果表明，中介效应方面，3 条中介作用路径均显著。肥料施用服务对粪肥施用的可得性感知、易用性感知、有效性感知的影响均在 1%的统计水平上显著，且估计系数为正，说明获得肥料施用服务的种植户，其对粪肥施用的技术感知越正面、积极。将中介变量引入模型（5-6）后，回归（5）结果显示，肥料施用服务、可得性感知、易用性感知、有效性感知变量均通过显著性检验，且肥料施用服务变量的估计系数由 0.614 下降到 0.445，结合回归（1）-（4）的结果，运用依次检验法检验表明，3 个中介变量均存在部分中介效应。

表 5-13　肥料施用服务与粪肥施用决策

自变量	施用商品有机肥（基准）	可得性感知	易用性感知	有效性感知	施用商品有机肥（中介）
	回归（1）	回归（2）	回归（3）	回归（4）	回归（5）
核心解释变量					
肥料施用服务	0.614^{***} (0.144)	0.311^{***} (0.078)	0.631^{***} (0.102)	0.481^{***} (0.153)	0.445^{**} (0.197)
中介变量					
肥料可得性感知					1.937^{***} (0.221)

续表 5-13

自变量	施用商品有机肥（基准）	可得性感知	易用性感知	有效性感知	施用商品有机肥（中介）
	回归（1）	回归（2）	回归（3）	回归（4）	回归（5）
肥料易用性感知					0.432*** (0.109)
肥料有效性感知					0.260*** (0.074)
其他解释变量					
有机肥购置补贴	−0.086 (0.163)	0.096 (0.087)	0.021 (0.112)	−0.578*** (0.171)	−0.153 (0.215)
田间肥料技术培训	0.093 (0.154)	0.075 (0.082)	0.162 (0.106)	−0.650*** (0.162)	0.038 (0.214)
常数项	−0.544 (0.486)	3.276*** (0.259)	5.217*** (0.334)	5.369*** (0.510)	−11.835*** (1.658)
要素禀赋条件	已控制	已控制	已控制	已控制	已控制
决策者特征	已控制	已控制	已控制	已控制	已控制
区域变量	已控制	已控制	已控制	已控制	已控制
Pseudo R^2/R^2	0.171	0.148	0.185	0.153	0.554
LR chi^2/F	100.51	4.88	6.37	5.08	326.62
Prob >chi^2/F	0.000	0.000	0.000	0.000	0.000
Log likelihood	−244.329	——	——	——	−131.275

注：1. *、**、***分别表示在10%、5%、1%的水平上显著；括号中数字为标准误。

2. Pseudo R^2/R^2为伪决定系数；LR chi^2/F为卡方统计量；Prob >chi^2/F为卡方检验 *P* 值；Log likelihood为极大似然估计值。

表5-14展示了Sobel检验结果和Bootstrap检验结果，两项检验结果基本一致，3条中介路径均通过显著性检验，再次说明了3个中介效应的存在，粪肥施用的可得性感知、易用性感知、有效性感知3个变量的中介效应分别为0.106、0.114和0.049，可得性感知的中介效应占总效应的比重为50.14%，易用性感知的中介效应占总效应的比重为53.66%，有效性感知的中介效应占总效应的比重为23.05%，其中易用性感知的中介效应占比最大。因此，综合检验表明，肥料施用服务会通过正向影响种植户粪肥施用技术感知，促进其粪肥施用行为。

表 5-14 肥料施用服务对粪肥施用的中介影响效应测算

中介变量	Sobel 检验	Bootstrap 检验	中介效应	中介效应/总效应
路径 1：施用服务→可得性感知→粪肥施用	0.106*** (0.028)	0.106*** (0.023)	0.106	50.14%
路径 2：施用服务→易用性感知→粪肥施用	0.114*** (0.023)	0.114*** (0.021)	0.114	53.66%
路径 3：施用服务→有效性感知→粪肥施用	0.049*** (0.017)	0.049*** (0.015)	0.049	23.05%

注：*** 表示在 1%的水平上显著；括号中数字为标准误。

结合表 5-13 中的回归（1）结果，发现外部激励措施中，仅有肥料施用服务对种植户粪肥施用行为具有显著影响，所以在种植户粪肥施用行为的机制讨论中，仅分析肥料施用服务对种植户粪肥施用行为的影响路径。

四、稳健性检验

为增强实证结果的可靠性，对上部分中介效应模型进行稳健性检验。本节采用替换被解释变量的方式进行中介效应稳健性检验。将原因变量“种植户畜禽粪便有机肥施用行为”更替为“种植户畜禽粪便有机肥施用计划”。种植户现阶段选择施用畜禽粪便有机肥和未来计划施用畜禽粪便有机肥都体现了种植户对畜禽粪便有机肥技术采纳的认可和积极态度。关于“种植户畜禽粪便有机肥施用意愿”变量，原调研问题设置为“未来商品有机肥/粪肥施用决策？1＝现在没有用，以后也不打算用；2＝现在没有用，以后计划施用；3＝现在已经施用，以后不打算继续施用；4＝现在已经施用，以后会继续施用”，为了更好地对应原因变量，将选项 1、3 合并为“0＝未来不打算施用商品有机肥/粪肥”，将选项 2、4 合并为“1＝未来计划施用商品有机肥/粪肥”。48.74%的种植户未来计划施用商品有机肥，52.40%的种植户未来计划施用粪肥。

稳健性检验方法与原方程检验方法相同。表 5-15 展示了 Sobel 检验结果和 Bootstrap 检验结果，两项检验结果基本一致。在商品有机肥购置补贴对商品有机肥施用计划的影响中，可得性感知和有效性感知 2 条中介路径通过了检验，中介效应占比分别为 50.43%、66.89%；在田间肥料技术培训对商品有机肥施用计划的影响中，仅有效性感知的中介路径通过了检验，中介效应占比为 46.10%；在肥料施用服务对商品有机肥施用计划的影响中，可得性感知和有效性感知 2 条中介路径通过了检验，中介效应占比分别为 43.15%、50.50%；在肥料施用服务对粪肥施用计划的影响中，3 条中介路径均通过了检验，可得性感知、易用性感知、有效性感知中介效应占比分别为 61.39%、73.49%、17.89%。

表 5-15 外部激励对肥料施用计划的中介影响效应测算

中介变量	Sobel 检验	Bootstrap 检验	中介效应	中介效应/总效应
路径 1-1：购置补贴→可得性感知→商肥施用计划	0.133*** (0.027)	0.133*** (0.024)	0.133	50.43%
路径 1-2：购置补贴→易用性感知→商肥施用计划	0.014 (0.012)	0.014 (0.012)	——	——
路径 1-3：购置补贴→有效性感知→商肥施用计划	0.176*** (0.033)	0.176*** (0.033)	0.176	66.89%
路径 2-1：技术培训→可得性感知→商肥施用计划	0.033 (0.022)	0.033 (0.022)	——	——
路径 2-2：技术培训→易用性感知→商肥施用计划	0.005 (0.005)	0.005 (0.005)	——	——
路径 2-3：技术培训→有效性感知→商肥施用计划	0.064* (0.030)	0.064* (0.027)	0.064	46.10%
路径 3-1：施用服务→可得性感知→商肥施用计划	0.082*** (0.022)	0.082*** (0.018)	0.082	43.15%
路径 3-2：施用服务→易用性感知→商肥施用计划	0.012 (0.011)	0.012 (0.010)	——	——
路径 3-3：施用服务→有效性感知→商肥施用计划	0.096*** (0.029)	0.096*** (0.030)	0.096	50.50%
路径 4-1：施用服务→可得性感知→粪肥施用计划	0.112*** (0.029)	0.112*** (0.025)	0.112	61.39%
路径 4-2：施用服务→易用性感知→粪肥施用计划	0.134*** (0.025)	0.134*** (0.023)	0.134	73.49%
路径 4-3：施用服务→有效性感知→粪肥施用计划	0.033*** (0.013)	0.033*** (0.012)	0.033	17.89%

注：*、***分别表示在 10%、1%的水平上显著；括号中数字为标准误。

替换因变量后，中介路径与原模型中的中介路径基本相同，说明原模型具有一定的稳健性。稳健性检验中的中介效应均明显大于原模型中的中介效应，可能的原因是，畜禽粪便施用计划与肥料施用技术感知均属于种植户内在认知，两者之间的联系更为紧密，导致中介效应占比较大。

五、异质性讨论

根据本章调节效应部分检验的结果，发现由于禀赋条件差异，异质性种植户对于外部激励措施的接受度不尽相同。本节将继续讨论基于异质性种植户的外部激励路径。讨论中将异质性种植户分为苹果种植户和玉米种植户两组农户，分别进行外部激励对肥料施用行为决策中介效应检验。

检验方法与原方程检验方法相同。表 5-16 和表 5-17 分别展示了苹果种植户和玉米种植户外部激励路径的 Sobel 检验结果和 Bootstrap 检验结果，两项检验结果基本一致。

苹果种植户。如表 5-16 所示，在商品有机肥购置补贴对商品有机肥施用行为的影响中，3 条中介路径均通过了检验，可得性感知、易用性感知、有效性感知中介效应占比分别为 30.10%、19.60%、20.51%；在田间肥料技术培训对商品有机肥施用行为的影响中，易用性感知、有效性感知的中介路径通过了检验，中介效应占比为 40.42%、27.92%；在肥料施用服务对商品有机肥施用行为的影响中，3 条中介路径均通过了检验，可得性感知、易用性感知、有效性感知中介效应占比分别为 52.58%、26.73%、32.44%；在肥料施用服务对粪肥施用行为的影响中，易用性感知、有效性感知的中介路径通过了检验，中介效应占比为 76.23%、87.77%。苹果种植户的外部激励对肥料施用影响的中介路径与全样本路径基本相同，但中介路径效应明显大于全样本路径效应，说明对于苹果种植户来说，外部激励措施会更加显著地通过正向影响种植户肥料施用技术感知，促进其畜禽粪便有机肥施用行为。

表 5-16 苹果种植户外部环境对肥料施用的中介影响效应测算

中介变量	Sobel 检验	Bootstrap 检验	中介效应	中介效应/总效应
路径 1-1：购置补贴→可得性感知→商品有机肥施用	0.135*** (0.036)	0.135*** (0.032)	0.135	30.10%
路径 1-2：购置补贴→易用性感知→商品有机肥施用	0.088*** (0.027)	0.088*** (0.026)	0.088	19.60%
路径 1-3：购置补贴→有效性感知→商品有机肥施用	0.092*** (0.026)	0.092*** (0.028)	0.092	20.51%
路径 2-1：技术培训→可得性感知→商品有机肥施用	0.012 (0.032)	0.012 (0.032)	——	——
路径 2-2：技术培训→易用性感知→商品有机肥施用	0.054*** (0.024)	0.054*** (0.023)	0.054	40.42%
路径 2-3：技术培训→有效性感知→商品有机肥施用	0.037* (0.020)	0.037* (0.021)	0.037	27.92%
路径 3-1：施用服务→可得性感知→商品有机肥施用	0.104*** (0.035)	0.104*** (0.030)	0.104	52.58%
路径 3-2：施用服务→易用性感知→商品有机肥施用	0.053** (0.025)	0.053** (0.024)	0.053	26.73%
路径 3-3：施用服务→有效性感知→商品有机肥施用	0.064*** (0.023)	0.064*** (0.023)	0.064	32.44%
路径 4-1：施用服务→可得性感知→粪肥施用	0.052 (0.042)	0.052 (0.040)	——	——
路径 4-2：施用服务→易用性感知→粪肥施用	0.075*** (0.029)	0.075*** (0.030)	0.075	76.23%
路径 4-3：施用服务→有效性感知→粪肥施用	0.086** (0.035)	0.086** (0.035)	0.086	87.77%

注：*、**、***分别表示在 10%、5%、1%的水平上显著；括号中数字为标准误。

玉米种植户。如表 5-17 所示，在商品有机肥购置补贴对商品有机肥施用行为的影响中，可得性感知、有效性感知的中介路径通过了检验，中介效应占比分别为 13.68%、13.94%；在田间肥料技术培训对商品有机肥施用行为的影响中，没有中介路径通过检验；在肥料施用服务对商品有机肥施用行为的影响中，有效性感知的中介路径通过了检验，中介效应占比分别为 18.99%；在肥料施用服务对粪肥施用行为的影响中，3 条中介路径均通过了检验，可得性感知、易用性感知、有效性感知的中介效应占比分别为

39.53%、45.49%、11.11%。玉米种植户的外部激励对肥料施用影响的中介路径与全样本路径有所差异，主要体现在田间肥料技术培训并不能通过提高玉米种植户肥料施用技术感知来促进其畜禽粪便有机肥施用行为。

表 5-17 玉米种植户外部环境对肥料施用的中介影响效应测算

中介变量	Sobel 检验	Bootstrap 检验	中介效应	中介效应/总效应
路径 1-1：购置补贴→可得性感知→商品有机肥施用	0.036** (0.017)	0.036** (0.018)	0.036	13.68%
路径 1-2：购置补贴→易用性感知→商品有机肥施用	0.006 (0.013)	0.006 (0.013)	——	——
路径 1-3：购置补贴→有效性感知→商品有机肥施用	0.037** (0.017)	0.037** (0.020)	0.037	13.94%
路径 2-1：技术培训→可得性感知→商品有机肥施用	0.012 (0.010)	0.012 (0.010)	——	——
路径 2-2：技术培训→易用性感知→商品有机肥施用	0.005 (0.011)	0.005 (0.011)	——	——
路径 2-3：技术培训→有效性感知→商品有机肥施用	0.008 (0.012)	0.008 (0.011)	——	——
路径 3-1：施用服务→可得性感知→商品有机肥施用	0.014 (0.010)	0.014 (0.009)	——	——
路径 3-2：施用服务→易用性感知→商品有机肥施用	0.003 (0.006)	0.003 (0.006)	——	——
路径 3-3：施用服务→有效性感知→商品有机肥施用	0.022* (0.012)	0.022* (0.013)	0.022	18.99%
路径 4-1：施用服务→可得性感知→粪肥施用	0.103*** (0.035)	0.103*** (0.028)	0.103	39.53%
路径 4-2：施用服务→易用性感知→粪肥施用	0.119*** (0.032)	0.119*** (0.031)	0.119	45.49%
路径 4-3：施用服务→有效性感知→粪肥施用	0.029* (0.016)	0.029* (0.017)	0.029	11.11%

注：*、**、***分别表示在 10%、5%、1%的水平上显著；括号中数字为标准误。

六、补充讨论

基于上述理论与实证分析，可以发现外部激励因素通过对种植户畜禽粪便有机肥施用成本收益内在感知的直接干预来提升其畜禽粪便有机肥的施用偏好。早期的相关研究也证明了外部激励措施对农户有机肥施用行为的积极影响（Wang Y 等，2018；杨钰蓉和罗小锋，2018；何丽娟，2019），但也有学者认为单纯的补贴政策难以对农户有机肥施用行为产生持续有效的作用（Holden，2012）。本节将对商品有机肥购置补贴政策的持续性影响做进一步探究。

本节检验方法与前述主体中间效应检验方法相同。使用的被解释变量为“取消补贴商肥施用决策”，问题设置为“若取消商品有机肥购置补贴，您是否会继续购买由政府提供的原价商品有机肥料？0＝否；1＝是”，调研数据显示，65 个种植户样本（包括 53 个苹果种植户样本和 12 个玉米种植户样本）选择取消补贴后继续原价购买，占获得商品有机肥购置补贴种植户总数的 44.52％，即近一半的种植户愿意原价购买政府提供的商品有机肥料。

如表 5-18 和表 5-19 所示，通过中介路径检验，发现商品有机肥购置补贴通过提高商品有机肥可得性感知显著促进种植户，尤其是苹果种植户的商品有机肥施用行为。总体样本中可得性中介路径的中介效应占比为 5.16％，苹果种植户样本中可得性中介路径的中介效应占比为 12.77％。调研过程中发现，化肥、商品有机肥等工业肥料的质量问题突出，他们认为市面上所出售的商品有机肥料存在质量问题，并不能达到肥地效果。通过商品有机肥购置补贴政策，让种植户获得了政府提供的商品有机肥料，经过前期试用，种植户普遍对政府提供的商品有机肥料的肥效非常认可，愿意继续施用。也就是说，商品有机肥购置补贴并不仅仅是通过降低种植户有机肥施用成本来促进其施用行为，同时也通过增加种植户优质商品有机肥料的可得性感知来促进其持续施用行为。

表 5-18　购置补贴与取消补贴后商肥施用意愿决策的中介影响效应测算

中介变量	Sobel 检验	Bootstrap 检验	中介效应	中介效应/总效应
路径 1：购置补贴→可得性感知→取消补贴商肥施用	0.025*** (0.010)	0.025** (0.011)	0.025	5.16％
路径 2：购置补贴→易用性感知→取消补贴商肥施用	0.000 (0.008)	0.000 (0.007)	——	——
路径 3：购置补贴→有效性感知→取消补贴商肥施用	0.007 (0.009)	0.007 (0.010)	——	——

注：**、*** 分别表示在 5％、1％的水平上显著；括号中数字为标准误。

表 5-19 苹果种植户购置补贴与取消补贴后商肥施用意愿决策的中介影响效应测算

中介变量	Sobel 检验	Bootstrap 检验	中介效应	中介效应/总效应
路径 1：购置补贴→可得性感知→取消补贴商肥施用	0.060*** (0.019)	0.060*** (0.022)	0.060	12.77%
路径 2：购置补贴→易用性感知→取消补贴商肥施用	0.008 (0.012)	0.008 (0.011)	—	—
路径 3：购置补贴→有效性感知→取消补贴商肥施用	0.022 (0.015)	0.022 (0.015)	—	—

注：*** 表示在 1%的水平上显著；括号中数字为标准误。

本章小结

本章将研究视角聚焦于外部激励措施，通过调节效应与中介效应检验深入探究外部激励措施对种植户畜禽粪便有机肥施用行为的影响机制，实证检验结果检验了假说 H5-1 和假说 H5-2 提出的种植户畜禽粪便有机肥施用行为的外部与内部影响；明晰了假说 5-3 的种植户畜禽粪便有机肥施用行为驱动异质性机理；厘清了假说 5-4 的种植户畜禽粪便有机肥施用行为驱动逻辑。得到以下主要结论：

一是外部激励措施和肥料施用感知对种植户畜禽粪便有机肥施用行为具有显著促进作用。商品有机肥购置补贴、田间肥料技术培训、肥料施用服务对种植户商品有机肥施用行为具有显著促进作用，肥料施用服务对种植户粪肥施用行为具有显著促进作用。可得性感知、易用性感知、有效性感知均显著影响种植户畜禽粪便有机肥施用行为，其中可得性感知的影响程度较大，有效性感知的影响程度相对较小。

二是禀赋异质性在外部激励和种植户畜禽粪便有机肥施用行为之间发挥调节作用。受到初始禀赋条件约束的影响，商品有机肥购置补贴、田间肥料技术培训、肥料施用服务 3 种激励措施对玉米种植户畜禽粪便有机肥施用行为的显著促进作用更明显；商品有机肥购置补贴、肥料施用服务对低兼业户商品有机肥施用行为的促进作用更明显，田间肥料技术培训对高兼业户商品有机肥施用行为的促进作用更明显，肥料施用服务对高兼业户粪肥施用行为的促进作用更明显。

三是种植户畜禽粪便有机肥应用技术感知在外部激励和畜禽粪便有机肥施用行为之间发挥中介作用。商品有机肥购置补贴会通过正向影响种植户商品有机肥施用感知，促进其商品有机肥的施用行为；田间肥料技术培训主要通过正向影响种植户商品有机肥施用技术易用性感知、有效性感知，促进其商品有机肥的施用行为；肥料施用服务会通过正向影响种植户肥料施用技术感知，促进其畜禽粪便有机肥施用行为。对于苹果种植户来说，外部激励措施会更加显著地通过正向影响种植户肥料施用技术感知，促进其畜禽粪便有机肥施用行为。同时，商品有机肥购置补贴可以通过增加种植户优质商品有机肥料的可得性感知来促进其持续施用行为。

第六章

种植户畜禽粪便有机肥施用决策的经济效应研究

引言：通过第四章、第五章技术选择偏向和决策行为机制视角的实证分析，明确了畜禽粪便有机肥技术选择的禀赋约束和有效促进其施用的驱动逻辑。本章将尝试回应问题“种植户施用畜禽粪便有机肥会引起怎样的实际成本收益变动？”同时，考察异质性种植户在施用畜禽粪便有机肥时的投入产出实质变动及其路径机理。种植户为了实现利润最大化目标，对肥料投入组合不断进行优化配置，经济效益作为重要的产出表现，是种植户进行生产要素配置的重要依据。剖析肥料投入的产出效应，有助于探究畜禽粪便有机肥施用的经济驱动机理。

联立方程模型被广泛地运用于研究变量之间的互动关系，本章为研究畜禽粪便有机肥施用的经济效应，构建了包括化肥投入成本方程、商品有机肥投入成本方程、粪肥投入成本方程、生产成本方程、作物产量方程、作物收益方程在内的6个方程组。运用联立方程组估计方法（包括单一方程估计法和系统估计法SUR、3SLS），同时考察肥料投入成本之间的内在关联及肥料投入成本与产出效应之间的互动机制。

农业生产技术的采用决策取决于技术采用者对成本和预期收益的权衡比较。关于有机肥施用的已有相关研究大多是在讨论农户有机肥施用的经济决策及其影响因素（Williams，1999；何凌云和黄季焜，2001；葛继红等，2010），却鲜有从经济学视角讨论有机肥施用行为引起的成本收益变动，而经济收益实际上是影响种植户有机肥施用的关键因素。农业技术创新采用是经济利益不断权衡的结果（王世尧等，2017）。

第一节 理论框架与研究假说

农户技术选择是对要素投入的预期成本收益进行权衡利弊的结果。要素投入与成本收益之间存在互动关系，要素配置组合可以决定成本与产出水平，而预期成本与产出影响农户对要素组合进行重新配置。中国小农户在进行技术选择决策时往往会基于其所能取得的短期比较收益，种植户根据畜禽粪便有机肥投入的预期收益或短期实际收益，对畜禽粪便有机肥在内的肥料投入组合进行不断的斟酌优化（齐振宏等，2009；盖庆恩等，2015；王跃生，2017），直到找到可以实现其利润最大化目标的投入产出组合为止。肥料投入组合包括化肥、商品有机肥、粪肥 3 者之间的投入互动，成本产出水平包括种植总成本、作物产量、作物销售收入 3 者之间的逻辑互动。同时，不同种植类型种植户受限于自身禀赋约束和作物专业化特征，使其对于肥料要素的投入组合具有不同的现实需求和产出效益路径。施用决策图 6-1 刻画了异质性农户肥料投入决策与产出效应的互动机制。

肥料投入决策包括化肥、商品有机肥、粪肥 3 种肥料投入成本的增减变化，当两种肥料要素投入成本变动趋势相反时，两种肥料要素间为替代关系；当两种肥料要素投入成本变动趋势相同时，两种肥料要素间为补充关系。肥料投入是为了作物生长需要，但不同肥料对作物生长的作用功效不同，无机肥料与有机肥料的相互配合才是肥料投入的最优组合，以作物生长角度考虑，化肥与畜禽粪便有机肥肥料间肥效相辅相成，两要素投入间应为补充特征，而商品有机肥与粪肥之间同属于有机肥料，效果相同，受收入水平约束，两要素互相存在成本挤占，投入成本之间应为替代效应。

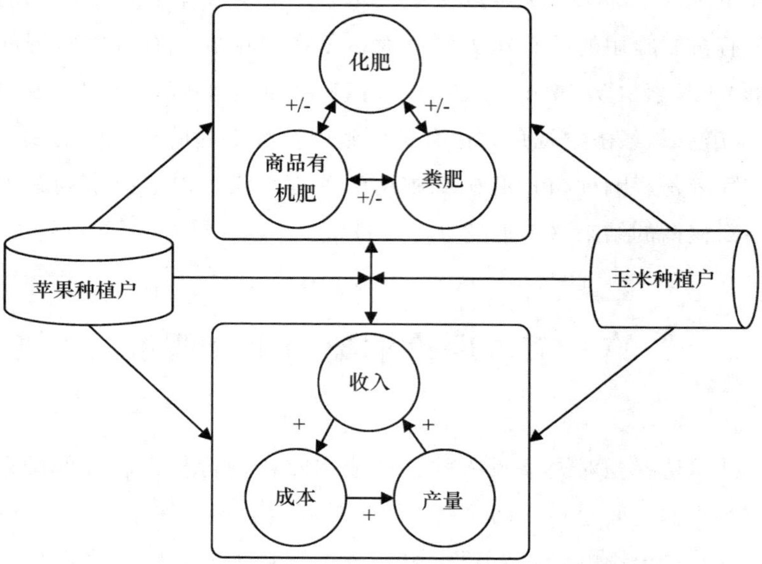

图 6-1　异质性农户肥料投入决策与产出效应互动机制图

假说 H6-1：从要素配置角度来看，化肥投入成本、商品有机肥投入成本、粪肥投入成本之间相互关联，具有一定的替代与互补关系。

成本产出变动包括生产成本、作物产量和销售收入的增减变化，其他条件不变的情况下，生产要素的增加投入会在一定程度上提高作物产量，产品价格不变的前提下，作物产量的提高会显著带来作物销售收入的增长，而销售收入的提高说明生产要素的增加具有显著的比较效益优势，该比较效益优势既是生产要素投入变动的结果，又是接下来生产要素投入变动的决策依据。由此提出：

假说 H6-2：肥料投入与收入之间存在互动关系。肥料投入成本变动引起收入变化，收入水平会进一步影响肥料投入成本配置。

建立一个动态情景中的异质性种植户畜禽粪便有机肥施用效应模型。令种植户亩均畜禽粪便有机肥施用量为 $X_O(t)$，亩均化肥施用量为 $X_F(t)$，t 表示时期。价格 P 代表农产品质量。高质量的农产品价格为 P^h，低质量的农产品价格为 P^l，构建单位土地农产品生产函数为 $Y^A[X_O(t), X_F(t), S(t);\theta]$，$A=h,l$，假定该生产函数为严格的凹函数。若种植户施用畜禽粪便有机肥，

则 ε=1，此时该种植户的生产成本为 $CP_A[X_O(t), X_F(t); \theta]$；若种植户未施用畜禽粪便有机肥，则 ε=0，此时该种植户的生产成本为 $C^A[X_O(t), X_F(t); \theta]$。同时假定生产成本与净收益之间的负相关关系。

假设异质性种植户特征为 θ，θ 的取值范围为［0，1］之间，符合分布函数 $\tau(\theta)$。当 $\theta=0$ 时，说明种植户不具备提高农产品净收益的能力，当 $\theta=1$ 时，说明种植户具备提高农产品净收益的能力。$\bar{\theta}^A$ 为种植户能够施用畜禽粪便有机肥的能力阈值，当种植户的实际能力超过该阈值时，说明即使种植户具有较高的净收益，选择施用畜禽粪便有机肥不会对其生产成本的降低造成任何影响。种植户生产高、低质量农产品的净收益为：

$$P^AY^A = [X_O(t), X_F(t); \theta] - \varepsilon CP_A[X_O(t), X_F(t); \theta] - (1-\varepsilon)C^A[X_O(t), X_F(t); \theta]$$

图 6-2 为随着种植户特征变化，成本、收益函数曲线的变化图。种植户特征决定其能否施用畜禽粪便有机肥，当种植户的禀赋能力大于 $\bar{\theta}_p^h$ 时，施用畜禽粪便有机肥种植户的收益会少于不施用畜禽粪便有机肥种植户的收益。当能力范围值处于［$\hat{\theta}_p^h$，$\bar{\theta}_p^h$］时，施用畜禽粪便有机肥的种植户获得的收益大于未施用畜禽粪便有机肥农户的收益。由此提出：

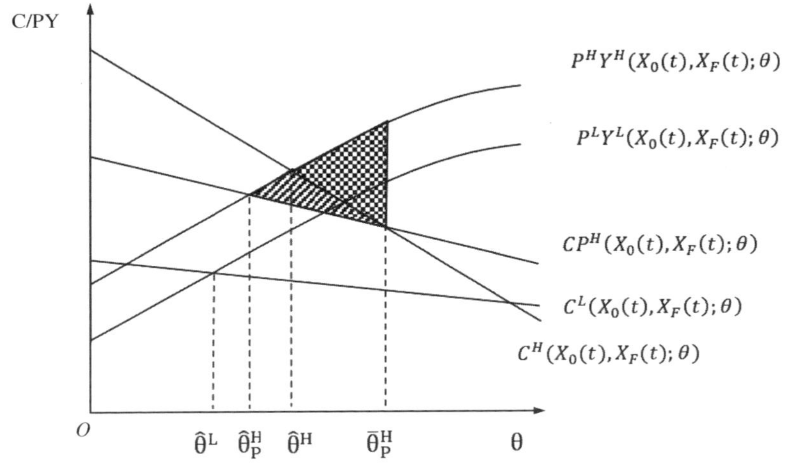

图 6-2　禀赋异质性种植户成本、收益函数曲线变化图

假说 H6-3：种植户禀赋异质性同时影响其肥料投入决策及其肥料配置组合的产出效应。种植户禀赋异质性具体表现为种植户生产经营作物种类的异质性，也就是说，苹果种植户和玉米种植户由于其禀赋条件的差异，在化肥、商品有机肥和粪肥的施用选择决策上不尽相同；同时，不同类型的种植户受禀赋能力限制，相应肥料投入引起的产出效应也有所不同。

第二节　模型构建与变量选择

一、模型设定

现有研究通常采用单方程方法对肥料投入成本与产量之间的关系进行估计，忽略了肥料投入成本内部、肥料投入成本与产出效应之间的内生关系，使得估计结果有偏且不一致，模型结论缺乏可靠性。本书考虑到可能存在的内生性关系，通过构建联立方程组模型，用相对完整的方程系统描述研究变量之间关系结构，本书构建的联立方程模型包括化肥投入成本方程、商品有机肥投入成本方程、粪肥投入成本方程、生产成本方程、作物产量方程和作物收入方程，运用联立方程组估计方法，同时考察肥料投入成本之间的内在关联及肥料投入成本与产出效应之间的互动机制。考虑到玉米种植与苹果种植在投入产出水平上的异质性，将两种作物分开进行讨论。

设肥料投入与产出效应的联立方程模型可以表示为：

$$Y = \mathrm{B}Y + \Gamma X + U \tag{6-1}$$

其中$Y=(Y_1,\cdots,Y_m)$为内生变量向量，$X=(X_1,\cdots,X_k)$为先决变量向量，$U=(U_1,\cdots,U_n)$为随机扰动项向量。$\mathrm{B}=(\beta_{ij})_{m\cdot m}$和$\Gamma=(\gamma_{ij})_{m\cdot k}$为模型的结构式参数矩阵。

进一步可将式 6-1 写成如下方程组：

$$C_F = \beta_{11} + \beta_{12}C_O + \beta_{13}C_M + \beta_{14}Q_F + \beta_{15}P_F + \beta_{16}I + \beta_{17}A + \beta_{18}y + \varepsilon_1 \tag{6-2}$$

$$C_O = \beta_{21} + \beta_{22}C_F + \beta_{23}C_M + \beta_{24}Q_O + \beta_{25}P_O + \beta_{26}I + \beta_{27}A + \beta_{28}S + \varepsilon_2 \tag{6-3}$$

$$C_M = \beta_{31} + \beta_{32}C_O + \beta_{33}C_F + \beta_{34}Q_M + \beta_{35}P_M + \beta_{36}I + \beta_{37}A + \beta_{38}B + \varepsilon_3 \tag{6-4}$$

$$C_T = \beta_{41} + \beta_{42}C_F + \beta_{43}C_O + \beta_{44}C_M + \beta_{45}C_{T_0} + \beta_{46}I_0 + \varepsilon_4 \tag{6-5}$$

$$Y = \beta_{51} + \beta_{52}C_T + \beta_{53}t + \beta_{54}l + \varepsilon_5 \tag{6-6}$$

$$I = \beta_{61} + \beta_{62}Y + \beta_{63}P_{AC} + \beta_{64}X + \varepsilon_6 \tag{6-7}$$

C_F、C_O、C_M 分别表示化肥施用投入成本、商品有机肥施用投入成本及粪肥施用投入成本；C_T 表示作物（苹果/玉米）生产成本；Y 表示作物（苹果/玉米）产量；I 表示作物（苹果/玉米）销售收入。以上六个变量为联立方程模型的内生变量。P_F、P_O、P_M 分别表示化肥、商品有机肥及粪肥的价格；A 表示是否为有机肥替代化肥试点地区；y 表示作物种植年限；S 表示有机肥购置补贴；B 表示是否养殖畜禽；C_{T_0} 表示作物种植其他主要费用支出；I_0 表示上一年农业收入水平；t 表示是否采纳测土配方施肥；l 表示土壤肥力；P_{ac} 表示作物产品售价；X 表示作物品牌。表示随机干扰因素。

二、变量选择

本书所使用的数据源自课题组于 2019 年 12 月至 2020 年 1 月期间赴北京市、天津市、河北省 3 地开展的苹果、玉米种植户实地问卷调查。具体不再赘述。表 6-1 为本节研究所需变量的定义及其描述性统计。

表 6-1　变量定义及其描述性统计

变量名称	变量符号	测度指标	苹果		玉米	
			均值	标准差	均值	标准差
化肥投入成本	C_F	亩均化肥花费/(万元/亩)	0.063	0.072	0.021	0.017
商品有机肥投入成本	C_O	亩均商品有机肥花费/(万元/亩)	0.023	0.049	0.002	0.009
粪肥投入成本	C_M	亩均粪肥花费/(万元/亩)	0.022	0.038	0.002	0.008
生产成本	C_T	作物亩均生产资金投入/(万元/亩)	0.251	0.168	0.046	0.031
作物产量	Y	作物亩均产量/(万斤/亩)	0.323	0.228	0.105	0.079
销售收入	I	作物亩均销售收入/(万元/亩)	0.921	0.870	0.087	0.068
化肥施用量	Q_F	亩均化肥施用量/(万斤/亩)	0.038	0.050	0.013	0.009

续表 6-1

变量名称	变量符号	测度指标	苹果		玉米	
			均值	标准差	均值	标准差
商品有机肥施用量	Q_O	亩均商品有机肥施用量/(万斤/亩)	0.078	0.181	0.002	0.009
粪肥施用量	Q_M	亩均粪肥施用量/(万斤/亩)	0.311	0.557	0.069	0.336
化肥价格	P_F	种植户所用化肥平均价格/(元/斤)	1.880	1.291	1.750	1.419
商品有机肥价格	P_O	种植户所用商肥平均价格/(元/斤)	0.726	0.631	0.936	0.136
粪肥价格	P_M	种植户所用粪肥平均价格/(元/斤)	0.186	0.191	0.090	0.095
有机肥替代化肥试点	A	是否为有机肥替代化肥试点区域:0=否;1=是	0.231	0.422	0.221	0.415
种植经验	y	家庭种植决策负责人作物种植年/年	22.202	11.507	33.688	11.872
商品有机肥购置补贴	S	是否享受过商品有机肥购置补贴:0=否;1=是	0.508	0.500	0.126	0.331
自身养殖	B	种植户家庭是否从事养殖经营	0.126	0.332	0.080	0.272
其他成本	C_{T_0}	作物亩均种苗、农药、雇工、机械租赁投入/(万元/亩)	0.151	0.126	0.026	0.023
上一年农业生产收入	I_0	家庭农业生产总收入/万元	4.483	5.034	2.965	6.459
是否采纳测土配方	t	是否采纳测土配方:0=否;1=是	0.080	0.271	0.095	0.294
土壤肥力	l	种植户土壤肥力情况:1=非常差;2=比较差;3=一般;4=比较好;5=非常好	3.458	0.858	3.166	0.861
作物销售价格	P_{ac}	作物平均售价/(元/斤)	2.962	1.530	0.862	0.367
是否具有品牌	X	作物产品是否品牌:0=否;1=是	0.513	0.500	0.070	0.256
北京市(基准区域:天津市)	BJ	是否为北京市:0=否;1=是	0.366	0.482	0.095	0.294
河北省(基准区域:天津市)	HB	是否为河北省:0=否;1=是	0.420	0.494	0.296	0.457

数据来源:调研数据统计

表 6-2　玉米、苹果种植户生产成本收益概况

统计变量	总成本	化肥成本	商品有机肥成本	粪肥成本	作物产量	作物价格	销售收入
苹果	0.233	0.063	0.023	0.022	0.323	2.962	0.921
玉米	0.039	0.021	0.002	0.002	0.105	0.862	0.087

数据来源：调研数据统计

注：成本统计中未包含树苗/种子费用及自有人工投入折算费用。成本、产量、收入各项指标单位为万元/亩，作物价格单位为元/斤。

结合表 6-1、表 6-2 统计结果，发现玉米种植户与苹果种植户在生产经营投入与产出中存在以下共性与差异：

肥料投入方面。在肥料投入成本上，苹果种植户的总体肥料投入成本显著高于玉米种植户，虽然在投入总量上具有显著差异，但在投入结构中，两类种植户的化肥投入成本均远高于有机肥投入成本；在肥料施用量上，苹果种植户有机肥施用量远高于玉米种植户，可以看出苹果种植户对有机肥的施用总体上比较认可，两类种植户有机肥施用量标准差均大于其均值，说明种植户间有机肥施用量差异较为显著；在肥料价格上，化肥的获取价格相对稳定；商品有机肥的获取价格在两类种植户间有显著差异，但是在同类种植户中差异并不明显，主要是因为商品有机肥购置补贴主要面向果蔬茶种植户，苹果种植户在购买商品有机肥时较玉米种植户更加实惠；粪肥的获取价格在两类种植户间有显著差异，同时在同类种植户中差异也较为明显，主要是因为粪肥的获取途径比较分散，没有相对统一的价格，粪肥定价具有随机性和不确定性。

产出效应方面。苹果种植属于技术密集型生产，具有高投入、高产出的生产经营特性，从描述性统计中也可以看出，苹果种植的生产成本投入与销售收入均高于玉米种植，尤其是种植销售收入。高收入自然也带来了高风险，苹果种植产出具有显著的不确定性，具体表现为，苹果种植的作物产量与销售收入标准差值较大，说明苹果种植户之间的产出效益差异较为明显。

三、模型识别

联立方程模型首先需要确定模型可识别，可识别的条件是模型中每一个方程均可识别。

建立联立方程模型计量经济学模型的结构式为：

$$\boldsymbol{B}Y+\boldsymbol{\Gamma}X=\boldsymbol{N} \tag{6-8}$$

联立方程模型中内生变量和先决变量的总个数为 K，G 为联立方程模型中内生变量的个数。本研究构建的联立方程模型 $K=22$，$G=6$。

(一) 秩条件

秩条件用于判断结构方程是否可识别。结构方程能被识别的充要条件是该方程被斥变量结构参数矩阵的秩为 $G-1$，也就是说，在该方程被斥变量结构参数矩阵中，至少有一个阶的非零行列式。按照秩条件依次判断各方程的可识别性：

方程的结构参数矩阵为 [$\boldsymbol{B\Gamma}$]：

$$\begin{array}{cccccccccccccccccccccc}
C_F & C_O & C_M & C_T & Y & I & Q_F & Q_O & Q_M & P_F & P_O & P_M & A & y & S & B & C_{T_e} & I_0 & t & l & P_{ac} & X
\end{array}$$

$$\begin{bmatrix}
1 & -\beta_{12} & -\beta_{13} & 0 & 0 & -\beta_{16} & -\beta_{14} & 0 & 0 & -\beta_{15} & 0 & 0 & -\beta_{17} & -\beta_{18} & 0 & 0 & 0 & 0 & 0 & 0 & 0 & 0 \\
-\beta_{22} & 1 & -\beta_{24} & 0 & 0 & -\beta_{26} & 0 & -\beta_{24} & 0 & 0 & -\beta_{25} & 0 & -\beta_{27} & 0 & -\beta_{28} & 0 & 0 & 0 & 0 & 0 & 0 & 0 \\
-\beta_{32} & -\beta_{33} & 1 & 0 & 0 & -\beta_{36} & 0 & 0 & -\beta_{34} & 0 & 0 & -\beta_{35} & -\beta_{37} & 0 & 0 & -\beta_{38} & 0 & 0 & 0 & 0 & 0 & 0 \\
-\beta_{42} & -\beta_{43} & -\beta_{44} & 1 & 0 & 0 & 0 & 0 & 0 & 0 & 0 & 0 & 0 & 0 & 0 & 0 & -\beta_{45} & -\beta_{46} & 0 & 0 & 0 & 0 \\
0 & 0 & 0 & -\beta_{52} & 1 & 0 & 0 & 0 & 0 & 0 & 0 & 0 & 0 & 0 & 0 & 0 & 0 & 0 & -\beta_{53} & -\beta_{54} & 0 & 0 \\
0 & 0 & 0 & 0 & -\beta_{62} & 1 & 0 & 0 & 0 & 0 & 0 & 0 & 0 & 0 & 0 & 0 & 0 & 0 & 0 & 0 & -\beta_{63} & -\beta_{64}
\end{bmatrix}$$

方程 6-2 的结构参数矩阵：

$$[\boldsymbol{B}_1\boldsymbol{\Gamma}_1]=\begin{bmatrix}
0 & 0 & -\beta_{24} & 0 & -\beta_{25} & 0 & -\beta_{28} & 0 & 0 & 0 & 0 & 0 & 0 & 0 \\
0 & 0 & 0 & -\beta_{34} & 0 & -\beta_{35} & 0 & -\beta_{38} & 0 & 0 & 0 & 0 & 0 & 0 \\
1 & 0 & 0 & 0 & 0 & 0 & 0 & 0 & -\beta_{45} & -\beta_{46} & 0 & 0 & 0 & 0 \\
-\beta_{52} & 1 & 0 & 0 & 0 & 0 & 0 & 0 & 0 & 0 & -\beta_{53} & -\beta_{54} & 0 & 0 \\
0 & -\beta_{62} & 0 & 0 & 0 & 0 & 0 & 0 & 0 & 0 & 0 & 0 & -\beta_{63} & -\beta_{64}
\end{bmatrix}$$

方程 6-2 被斥变量结构参数矩阵的秩 $R[\boldsymbol{B}_1\boldsymbol{\Gamma}_1]=5=G-1$，即判断方程 6-2 可识别。

方程 6-3 的结构参数矩阵：

$$[\boldsymbol{B}_2\boldsymbol{\Gamma}_2]=\begin{bmatrix}
0 & 0 & -\beta_{14} & 0 & -\beta_{15} & 0 & -\beta_{18} & 0 & 0 & 0 & 0 & 0 & 0 & 0 \\
0 & 0 & 0 & -\beta_{34} & 0 & -\beta_{35} & 0 & -\beta_{38} & 0 & 0 & 0 & 0 & 0 & 0 \\
1 & 0 & 0 & 0 & 0 & 0 & 0 & 0 & -\beta_{45} & -\beta_{46} & 0 & 0 & 0 & 0 \\
-\beta_{52} & 1 & 0 & 0 & 0 & 0 & 0 & 0 & 0 & 0 & -\beta_{53} & -\beta_{54} & 0 & 0 \\
0 & -\beta_{62} & 0 & 0 & 0 & 0 & 0 & 0 & 0 & 0 & 0 & 0 & -\beta_{63} & -\beta_{64}
\end{bmatrix}$$

方程 6-3 被斥变量结构参数矩阵的秩 R $[\boldsymbol{B}_2\boldsymbol{\Gamma}_2]=5=G-1$，即判断方程 6-3 可识别。

方程 6-4 的结构参数矩阵：

$$[\boldsymbol{B}_3\boldsymbol{\Gamma}_3]=\begin{bmatrix} 0 & 0 & -\beta_{14} & 0 & -\beta_{15} & 0 & -\beta_{18} & 0 & 0 & 0 & 0 & 0 & 0 & 0 \\ 0 & 0 & 0 & -\beta_{24} & 0 & -\beta_{25} & 0 & -\beta_{38} & 0 & 0 & 0 & 0 & 0 & 0 \\ 1 & 0 & 0 & 0 & 0 & 0 & 0 & 0 & -\beta_{45} & -\beta_{46} & 0 & 0 & 0 & 0 \\ -\beta_{52} & 1 & 0 & 0 & 0 & 0 & 0 & 0 & 0 & 0 & -\beta_{53} & -\beta_{54} & 0 & 0 \\ 0 & -\beta_{62} & 0 & 0 & 0 & 0 & 0 & 0 & 0 & 0 & 0 & 0 & -\beta_{63} & -\beta_{64} \end{bmatrix}$$

方程 6-4 被斥变量结构参数矩阵的秩 $R[\boldsymbol{B}_3\boldsymbol{\Gamma}_3]=5=G-1$，即判断方程 6-4 可识别。

方程 6-5 的结构参数矩阵：

$$[\boldsymbol{B}_4\boldsymbol{\Gamma}_4]=\begin{bmatrix} 0 & -\beta_{16} & -\beta_{14} & 0 & 0 & -\beta_{15} & 0 & 0 & -\beta_{17} & -\beta_{18} & 0 & 0 & 0 & 0 & 0 & 0 \\ 0 & -\beta_{26} & 0 & -\beta_{24} & 0 & 0 & -\beta_{25} & 0 & -\beta_{27} & 0 & -\beta_{28} & 0 & 0 & 0 & 0 & 0 \\ 0 & -\beta_{36} & 0 & 0 & -\beta_{34} & 0 & 0 & -\beta_{35} & -\beta_{37} & 0 & 0 & -\beta_{38} & 0 & 0 & 0 & 0 \\ 1 & 0 & 0 & 0 & 0 & 0 & 0 & 0 & 0 & 0 & 0 & 0 & -\beta_{53} & -\beta_{54} & 0 & 0 \\ -\beta_{62} & 1 & 0 & 0 & 0 & 0 & 0 & 0 & 0 & 0 & 0 & 0 & 0 & 0 & -\beta_{63} & -\beta_{64} \end{bmatrix}$$

方程 6-5 被斥变量结构参数矩阵的秩 $R[\boldsymbol{B}_4\boldsymbol{\Gamma}_4]=5=G-1$，即判断方程 6-5 可识别。

方程 6-6 的结构参数矩阵：

$$[\boldsymbol{B}_5\boldsymbol{\Gamma}_5]=\begin{bmatrix} 1 & -\beta_{12} & -\beta_{13} & 0 & 0 & -\beta_{16} & -\beta_{14} & 0 & 0 & -\beta_{15} & 0 & 0 & -\beta_{17} & -\beta_{18} & 0 & 0 & 0 & 0 & 0 & 0 \\ -\beta_{22} & 1 & -\beta_{24} & 0 & 0 & -\beta_{26} & 0 & -\beta_{24} & 0 & 0 & -\beta_{25} & 0 & -\beta_{27} & 0 & -\beta_{28} & 0 & 0 & 0 & 0 & 0 \\ -\beta_{32} & -\beta_{33} & 1 & 0 & 0 & -\beta_{36} & 0 & 0 & -\beta_{34} & 0 & 0 & -\beta_{35} & -\beta_{37} & 0 & 0 & -\beta_{38} & 0 & 0 & 0 & 0 \\ -\beta_{42} & -\beta_{43} & -\beta_{44} & 1 & 0 & 0 & 0 & 0 & 0 & 0 & 0 & 0 & 0 & 0 & 0 & 0 & -\beta_{45} & -\beta_{46} & 0 & 0 \\ 0 & 0 & 0 & 0 & -\beta_{62} & 1 & 0 & 0 & 0 & 0 & 0 & 0 & 0 & 0 & 0 & 0 & 0 & 0 & -\beta_{63} & -\beta_{64} \end{bmatrix}$$

方程 6-6 被斥变量结构参数矩阵的秩 $R[\boldsymbol{B}_5\boldsymbol{\Gamma}_5]=5=G-1$，即判断方程 6-6 可识别。

方程 6-7 的结构参数矩阵：

$$[\boldsymbol{B}_6\boldsymbol{\Gamma}_6]=\begin{bmatrix} 1 & -\beta_{12} & -\beta_{13} & 0 & 0 & -\beta_{16} & -\beta_{14} & 0 & 0 & -\beta_{15} & 0 & 0 & -\beta_{17} & -\beta_{18} & 0 & 0 & 0 & 0 & 0 & 0 \\ -\beta_{22} & 1 & -\beta_{24} & 0 & 0 & -\beta_{26} & 0 & -\beta_{24} & 0 & 0 & -\beta_{25} & 0 & -\beta_{27} & 0 & -\beta_{28} & 0 & 0 & 0 & 0 & 0 \\ -\beta_{32} & -\beta_{33} & 1 & 0 & 0 & -\beta_{36} & 0 & 0 & -\beta_{34} & 0 & 0 & -\beta_{35} & -\beta_{37} & 0 & 0 & -\beta_{38} & 0 & 0 & 0 & 0 \\ -\beta_{42} & -\beta_{43} & -\beta_{44} & 1 & 0 & 0 & 0 & 0 & 0 & 0 & 0 & 0 & 0 & 0 & 0 & 0 & -\beta_{45} & -\beta_{46} & 0 & 0 \\ 0 & 0 & 0 & -\beta_{52} & 1 & 0 & 0 & 0 & 0 & 0 & 0 & 0 & 0 & 0 & 0 & 0 & 0 & 0 & -\beta_{53} & -\beta_{54} \end{bmatrix}$$

方程 6-7 被斥变量结构参数矩阵的秩 $R\ [\boldsymbol{B}_6\boldsymbol{\Gamma}_6]=5=G-1$，即判断方程 6-7 可识别。

（二）阶条件

阶条件用于判断结构方程恰好识别或者过度识别。本文构建的联立方程模型 $K=22$，$G=6$。k_i 为第 i 个结构方程中内生变量和先决变量的总个数，g_i 为第 i 个结构方程中内生变量的个数，则联立方程模型判断第 i 个方程识别状态的阶条件为：

当 $K-k_i=g_i-1$ 时，则第 i 个方程为恰好识别；

当 $K-k_i>g_i-1$ 时，则第 i 个方程为过度识别。

按照阶条件判断各方程的识别状态：

方程 6-2 中，$k_1=9$，$g_2=4$，由此得出 $K-k_1>g_1-1$，则该方程为过度识别；

方程 6-3 中，$k_2=9$，$g_2=4$，由此得出 $K-k_2>g_2-1$，则该方程为过度识别；

方程 6-4 中，$k_3=9$，$g_3=4$，由此得出 $K-k_3>g_3-1$，则该方程为过度识别；

方程 6-5 中，$k_4=7$，$g_4=4$，由此得出 $K-k_4>g_4-1$，则该方程为过度识别；

方程 6-6 中，$k_5=5$，$g_5=2$，由此得出 $K-k_5>g_5-1$，则该方程为过度识别；

方程 6-7 中，$k_6=5$，$g_6=2$，由此得出 $K-k_6>g_6-1$，则该方程为过度识别。

阶条件和秩条件识别结果表明，联立方程模型中的 6 个方程均为过度识别，即所构建的联立方程模型可识别。

第三节 实证检验与结果分析

一、估计方法

本节采用单一方程估计法和系统估计法对联立方程模型进行估计。单一方程估计法即对每个方程进行 OLS 回归，忽略了方程扰动项之间的相关性以及方程之间的联系，主要考察外生变量影响。系统估计法是对方程组进行联合估计，衡量内生变量之间相互作用机制，联合估计考虑了方程内的联立性偏差，估计结果相对更为有效（陈强，2013）。具体估计步骤具体：①利用 OLS 法估计模型简化式方程，求内生变量的估计式；②将上述估计值作为工具变量代入结构方程，运用 OLS 得到参数的 2SLS 估计量，并计算估计误差；③以两阶段估计误差构造扰动项方差的统计量，用广义最小二乘法（GLS）求结构参数的估计量。

二、估计结果

表 6-3 至表 6-5、表 6-7 至表 6-9 中分别报告了苹果种植户、玉米种植户全样本 OLS、SUR、3SLS 估计结果。同时，为了更为直观地呈现肥料施用投入对作物生产成本、产量、收入的具体影响，对联立方程中的式（6-6）、式(6-7)进行等价替换，做了进一步估计，表 6-6、表 6-10 中报告了等价替换后估计的结果。

表 6-3 全样本单方程估计法（OLS）估计结果——苹果种植户

解释变量	C_F	C_O	C_M	C_T	Y	I
化肥投入成本		−0.017 (0.032)	0.002 (0.025)	0.357*** (0.051)		
商品有机肥投入成本	0.013 (0.011)		−0.036 (0.035)	0.542*** (0.073)		
粪肥投入成本	−0.068 (0.084)	−0.134** (0.058)		0.826*** (0.095)		

续表 6-3

解释变量	C_F	C_O	C_M	C_T	Y	I
生产成本					0.283*** (0.082)	
作物产量						3.052*** (0.100)
销售收入	0.001 (0.004)	0.004 (0.003)	0.003 (0.002)			
化肥施用量	0.821*** (0.063)					
商品有机肥施用量		0.180*** (0.013)				
粪肥施用量			0.050*** (0.003)			
化肥价格	0.030*** (0.002)					
商品有机肥价格		0.040*** (0.004)				
粪肥价格			0.072*** (0.009)			
有机肥替代化肥试点	0.016* (0.010)	−0.006 (0.007)	−0.001 (0.005)			
种植经验	0.000* (0.000)					
商品有机肥购置补贴		0.009** (0.005)				
自身养殖			−0.005 (0.005)			
其他成本				1.158*** (0.029)		
上一年农业生产收入				0.001 (0.001)		
是否采纳测土配方					0.067 (0.051)	
土壤肥力					0.029* (0.016)	
作物销售价格						0.320*** (0.017)

续表 6-3

解释变量	C_F	C_O	C_M	C_T	Y	I
是否具有品牌						0.020 (0.047)
北京市	−0.023*** (0.008)	0.021*** (0.006)	0.001 (0.005)	0.034 (0.010)	−0.177*** (0.037)	0.082 (0.068)
河北省	−0.009 (0.010)	0.014** (0.007)	−0.011** (0.005)	0.012*** (0.009)	−0.060* (0.037)	0.106* (0.057)
常数项	−0.025** (0.011)	−0.036*** (0.007)	−0.004 (0.005)	0.001 (0.010)	0.237*** (0.066)	−1.097*** (0.072)
调整的 R^2	0.614	0.592	0.587	0.905	0.171	0.861

注：*、**、***分别表示在10%、5%、1%的水平上显著；括号中数字为标准误。成本方程中 R^2 值到达 0.905，是因为该方程的自变量（肥料投入成本、其他投入成本）可以在很大程度上解释生产总投入的变动；收入方程中 R^2 值到达 0.861，是因为该方程的自变量（作物产量）可以在很大程度上解释销售收入的变动。

表 6-4　全样本系统估计法（SUR）估计结果——苹果种植户

解释变量	C_F	C_O	C_M	C_T	Y	I
化肥投入成本		−0.034 (0.031)	0.025 (0.024)	0.374*** (0.050)		
商品有机肥投入成本	0.002 (0.060)		−0.090*** (0.034)	0.621*** (0.071)		
粪肥投入成本	0.022 (0.078)	−0.221*** (0.056)		0.880*** (0.093)		
生产成本					0.306*** (0.080)	
作物产量						3.031*** (0.097)
销售收入	0.002 (0.003)	0.006** (0.002)	0.006*** (0.002)			
化肥施用量	0.780*** (0.059)					
商品有机肥施用量		0.184*** (0.013)				
粪肥施用量			0.050*** (0.003)			
化肥价格	0.030*** (0.002)					

续表 6-4

解释变量	C_F	C_O	C_M	C_T	Y	I
商品有机肥价格		0.039*** (0.004)				
粪肥价格			0.069*** (0.009)			
有机肥替代化肥试点	0.019** (0.009)	−0.004 (0.007)	−0.001 (0.005)			
种植经验	0.000 (0.000)					
商品有机肥购置补贴		0.008* (0.004)				
自身养殖			−0.007 (0.005)			
其他成本				1.156*** (0.028)		
上一年农业生产收入				0.001 (0.001)		
是否采纳测土配方					0.079 (0.049)	
土壤肥力					0.031** (0.016)	
作物销售价格						0.316*** (0.016)
是否具有品牌						0.059 (0.044)
北京市	−0.024*** (0.008)	0.020*** (0.006)	0.003 (0.005)	0.032 (0.010)	−0.176*** (0.037)	0.070 (0.066)
河北省	−0.007 (0.009)	0.012* (0.007)	−0.011** (0.005)	0.013*** (0.009)	−0.059 (0.036)	0.101* (0.056)
常数项	−0.024** (0.010)	−0.033*** (0.007)	−0.006 (0.005)	−0.003 (0.010)	0.221*** (0.064)	−1.091*** (0.071)
调整的 R^2	0.612	0.584	0.578	0.904	0.170	0.861

注：*、**、***分别表示在 10%、5%、1%的水平上显著；括号中数字为标准误。成本方程与收入方程中 R^2 值较大的解释同表 6-3。

表 6-5 全样本系统估计法（3SLS）估计结果——苹果种植户

解释变量	C_F	C_O	C_M	C_T	Y	I
化肥投入成本		−0.037 (0.042)	0.078*** (0.032)	0.377*** (0.069)		
商品有机肥投入成本	0.058 (0.085)		−0.077* (0.048)	0.649*** (0.094)		
粪肥投入成本	0.173* (0.105)	−0.262*** (0.074)		0.913*** (0.125)		
生产成本					0.281*** (0.084)	
作物产量						2.854*** (0.220)
销售收入	−0.008 (0.006)	0.009** (0.004)	0.008** (0.003)			
化肥施用量	0.754*** (0.059)					
商品有机肥施用量		0.1808*** (0.013)				
粪肥施用量			0.048*** (0.003)			
化肥价格	0.029*** (0.002)					
商品有机肥价格		0.038*** (0.003)				
粪肥价格			0.063*** (0.009)			
有机肥替代化肥试点	0.015 (0.009)	−0.003 (0.007)	−0.001 (0.005)			
种植经验	0.000* (0.000)					
商品有机肥购置补贴		0.007* (0.004)				
自身养殖			−0.009* (0.005)			
其他成本				1.155*** (0.029)		
上一年农业生产收入				0.001 (0.001)		

续表 6-5

解释变量	C_F	C_O	C_M	C_T	Y	I
是否采纳测土配方					0.093* (0.048)	
土壤肥力					0.033** (0.015)	
作物销售价格						0.321*** (0.016)
是否具有品牌						0.049 (0.046)
北京市	−0.026*** (0.008)	0.020*** (0.006)	0.005 (0.005)	0.031*** (0.010)	−0.178*** (0.037)	0.032 (0.076)
河北省	−0.003 (0.009)	0.010 (0.007)	−0.011** (0.005)	0.014 (0.010)	−0.061* (0.036)	0.088 (0.058)
常数项	−0.018 (0.011)	−0.033** (0.008)	−0.010* (0.005)	0.005 (0.010)	0.222*** (0.063)	−1.024*** (0.108)
调整的 R^2	0.590	0.573	0.554	0.903	0.170	0.859

注：*、**、***分别表示在10%、5%、1%的水平上显著；括号中数字为标准误。成本方程与收入方程中 R^2 值较大的解释同表 6-3。

表 6-6　全样本扩展的系统估计法（3SLS）估计结果——苹果种植户

解释变量	C_F	C_O	C_M	C_T	Y	I
化肥投入成本		−0.044 (0.043)	0.068** (0.033)	0.363*** (0.069)	0.716*** (0.261)	2.017** (0.936)
商品有机肥投入成本	0.015 (0.089)		−0.078* (0.040)	0.651*** (0.094)	0.483 (0.364)	2.658** (1.308)
粪肥投入成本	0.224** (0.106)	−0.240*** (0.076)		0.927*** (0.126)	−0.382 (0.499)	−1.294 (1.780)
生产成本						
作物产量						
销售收入	−0.004 (0.006)	0.009** (0.004)	0.007** (0.003)			
化肥施用量	0.779*** (0.061)					
商品有机肥施用量		0.183*** (0.013)				

续表 6-6

解释变量	C_F	C_O	C_M	C_T	Y	I
粪肥施用量			0.048*** (0.003)			
化肥价格	0.030*** (0.002)					
商品有机肥价格		0.037*** (0.003)				
粪肥价格			0.063*** (0.009)			
有机肥替代化肥试点	0.016 (0.010)	−0.003 (0.007)	−0.002 (0.006)			
种植经验	0.000 (0.000)					
商品有机肥购置补贴		0.007* (0.004)				
自身养殖			−0.009** (0.005)			
其他成本				1.159*** (0.029)	0.211** (0.108)	0.581 (0.378)
上一年农业生产收入				0.001 (0.001)	0.010*** (0.003)	0.027*** (0.010)
是否采纳测土配方					0.049 (0.051)	0.067 (0.177)
土壤肥力					0.024 (0.015)	0.066 (0.054)
作物销售价格						0.311*** (0.019)
是否具有品牌						0.041 (0.047)
北京市	−0.025*** (0.008)	0.019*** (0.006)	0.005 (0.005)	0.031*** (0.010)	−0.180*** (0.040)	−0.490*** (0.142)
河北省	−0.004 (0.010)	0.010 (0.007)	−0.011** (0.005)	0.014 (0.010)	−0.074** (0.036)	−0.125 (0.128)
常数项	−0.023** (0.011)	−0.032*** (0.008)	−0.009* (0.005)	−0.004 (0.010)	0.209*** (0.064)	−0.391* (0.227)
调整的 R^2	0.599	0.574	0.563	0.903	0.258	0.342

注：*、**、***分别表示在 10%、5%、1%的水平上显著；括号中数字为标准误。成本方程与收入方程中 R^2 值较大的解释同表 6-3。

表 6-7 全样本单方程估计法（OLS）估计结果——玉米种植户

解释变量	C_F	C_O	C_M	C_T	Y	I
化肥投入成本		−0.002 (0.005)	0.063 (0.031)	0.139*** (0.047)		
商品有机肥投入成本	−0.124** (0.057)		−0.059 (0.060)	0.668*** (0.090)		
粪肥投入成本	0.084 (0.058)	−0.001 (0.009)		0.664*** (0.092)		
生产成本					0.476*** (0.174)	
作物产量						0.496*** (0.034)
销售收入	0.009 (0.007)	0.001 (0.001)	−0.001 (0.008)			
化肥施用量	1.287*** (0.055)					
商品有机肥施用量		0.971*** (0.009)				
粪肥施用量			0.013*** (0.001)			
化肥价格	0.009*** (0.000)					
商品有机肥价格		0.015*** (0.001)				
粪肥价格			0.064** (0.031)			
有机肥替代化肥试点	−0.001 (0.002)	0.000 (0.000)	0.000 (0.002)			
种植经验	0.000** (0.000)					
商品有机肥购置补贴		−0.001** (0.000)				
自身养殖			−0.002 (0.002)			
其他成本				1.158*** (0.038)		
上一年农业生产收入				0.000 (0.000)		
是否采纳测土配方					−0.016 (0.019)	

续表 6-7

解释变量	C_F	C_O	C_M	C_T	Y	I
土壤肥力					0.015** (0.006)	
作物销售价格						0.139*** (0.008)
是否具有品牌						0.015 (0.011)
北京市	−0.001 (0.002)	−0.001*** (0.000)	−0.001 (0.002)	−0.004 (0.003)	0.082*** (0.018)	−0.024** (0.011)
河北省	0.003* (0.002)	−0.001*** (0.000)	−0.002 (0.002)	0.010*** (0.002)	0.007 (0.012)	−0.002 (0.006)
常数项	−0.009** (0.002)	−0.014*** (0.001)	0.001 (0.002)	0.007*** (0.002)	0.029 (0.022)	−0.082*** (0.008)
调整的 R^2	0.864	0.987	0.317	0.901	0.148	0.732

注：*、**、***分别表示在10%、5%、1%的水平上显著；括号中数字为标准误。化肥投入成本、商品有机肥投入成本方程中 R^2 值到达 0.864、0.987，是因为该方程的自变量（化肥施用量、商品有机肥施用量）可以在很大程度上解释化肥投入成本、商品有机肥投入的变动；成本方程中 R^2 值到达 0.901，是因为该方程的自变量（肥料投入成本、其他投入成本）可以在很大程度上解释生产总投入的变动。

表 6-8　全样本系统估计法（SUR）估计结果——玉米种植户

解释变量	C_F	C_O	C_M	C_T	Y	I
化肥投入成本		−0.009* (0.005)	0.072 (0.031)	0.132*** (0.046)		
商品有机肥投入成本	−0.142*** (0.056)		−0.069 (0.058)	0.691*** (0.088)		
粪肥投入成本	0.124** (0.057)	0.005 (0.009)		0.808*** (0.089)		
生产成本					0.560*** (0.170)	
作物产量						0.536*** (0.034)
销售收入	0.012* (0.007)	0.001 (0.001)	0.003 (0.008)			
化肥施用量	1.280*** (0.052)					
商品有机肥施用量		0.973*** (0.009)				

续表 6-8

解释变量	C_F	C_O	C_M	C_T	Y	I
粪肥施用量			0.013*** (0.001)			
化肥价格	0.009*** (0.000)					
商品有机肥价格		0.015*** (0.001)				
粪肥价格			0.004** (0.007)			
有机肥替代化肥试点	−0.001 (0.002)	−0.000 (0.000)	−0.000 (0.002)			
种植经验	0.000** (0.000)					
商品有机肥购置补贴		−0.001* (0.000)				
自身养殖			−0.001 (0.002)			
其他成本				1.159*** (0.038)		
上一年农业生产收入				0.000 (0.000)		
是否采纳测土配方					−0.019 (0.018)	
土壤肥力					0.016*** (0.006)	
作物销售价格						0.138*** (0.007)
是否具有品牌						0.016 (0.010)
北京市	−0.001 (0.002)	−0.001*** (0.000)	−0.001 (0.002)	−0.004 (0.003)	0.082*** (0.018)	−0.027*** (0.010)
河北省	0.004** (0.002)	−0.001*** (0.000)	−0.002 (0.002)	0.011*** (0.002)	0.007 (0.012)	−0.002 (0.006)
常数项	−0.010*** (0.002)	−0.014*** (0.000)	0.000 (0.001)	0.007*** (0.002)	0.021 (0.022)	−0.086*** (0.008)
调整的 R^2	0.863	0.987	0.314	0.899	0.146	0.729

注：*、**、***分别表示在10%、5%、1%的水平上显著；括号中数字为标准误。化肥投入成本、商品有机肥投入成本、生产成本投入方程中 R^2 值较大的解释同表 6-7。

表 6-9 全样本系统估计法（3SLS）估计结果——玉米种植户

解释变量	C_F	C_O	C_M	C_T	Y	I
化肥投入成本		−0.012** (0.005)	0.059 (0.033)	0.102* (0.055)		
商品有机肥投入成本	−0.140** (0.058)		−0.055 (0.060)	0.725*** (0.096)		
粪肥投入成本	0.137 (0.104)	−0.023 (0.017)		1.346*** (0.173)		
生产成本					0.643*** (0.156)	
作物产量						0.950*** (0.082)
销售收入	0.010 (0.010)	0.001 (0.002)	−0.001 (0.010)			
化肥施用量	1.275*** (0.055)					
商品有机肥施用量		0.976*** (0.009)				
粪肥施用量			0.012*** (0.001)			
化肥价格	0.009*** (0.000)					
商品有机肥价格		0.015*** (0.001)				
粪肥价格			0.002** (0.006)			
有机肥替代化肥试点	−0.001 (0.002)	−0.000 (0.000)	−0.001 (0.002)			
种植经验	0.000** (0.000)					
商品有机肥购置补贴		−0.000* (0.000)				
自身养殖			−0.002 (0.002)			
其他成本				1.154*** (0.037)		
上一年农业生产收入				0.000 (0.000)		
是否采纳测土配方					−0.022 (0.015)	

续表 6-9

解释变量	C_F	C_O	C_M	C_T	Y	I
土壤肥力					0.013** (0.005)	
作物销售价格						0.144*** (0.008)
是否具有品牌						0.021** (0.010)
北京市	−0.001 (0.002)	−0.001*** (0.000)	−0.002 (0.002)	−0.004 (0.003)	0.082*** (0.018)	−0.062*** (0.014)
河北省	0.003** (0.002)	−0.001** (0.000)	−0.002 (0.002)	0.010*** (0.002)	0.006 (0.012)	−0.002 (0.007)
常数项	−0.010*** (0.002)	−0.014*** (0.001)	0.001 (0.002)	0.005*** (0.002)	0.027 (0.020)	−0.132*** (0.013)
调整的 R^2	0.863	0.986	0.313	0.872	0.144	0.482

注：*、**、***分别表示在10%、5%、1%的水平上显著；括号中数字为标准误。化肥投入成本、商品有机肥投入成本、生产成本投入方程中 R^2 值较大的解释同表 6-7。

表 6-10　全样本扩展的系统估计法（3SLS）估计结果——玉米种植户

解释变量	C_F	C_O	C_M	C_T	Y	I
化肥投入成本		−0.012** (0.005)	0.068 (0.033)	0.102*** (0.055)	0.088 (0.384)	−0.126 (0.232)
商品有机肥投入成本	−0.145** (0.058)		−0.072 (0.060)	0.716*** (0.096)	−0.471 (0.664)	0.519 (0.402)
粪肥投入成本	0.134 (0.104)	−0.023 (0.017)		1.336*** (0.173)	−3.478*** (1.322)	−2.133*** (0.802)
生产成本						
作物产量						
销售收入	0.009 (0.010)	0.001 (0.002)	−0.008 (0.010)			
化肥施用量	1.276*** (0.055)					
商品有机肥施用量		0.976*** (0.009)				
粪肥施用量			0.012*** (0.001)			

续表 6-10

解释变量	C_F	C_O	C_M	C_T	Y	I
化肥价格	0.009*** (0.000)					
商品有机肥价格		0.015*** (0.001)				
粪肥价格			0.001** (0.006)			
有机肥替代化肥试点	−0.001 (0.002)	−0.000 (0.000)	0.001 (0.002)			
种植经验	0.000** (0.000)					
商品有机肥购置补贴		−0.000* (0.000)				
自身养殖			−0.001 (0.002)			
其他成本				1.142*** (0.037)	0.747*** (0.272)	0.967*** (0.166)
上一年农业生产收入				0.000 (0.000)	0.001 (0.001)	−0.001 (0.001)
是否采纳测土配方					−0.033 (0.019)	−0.019 (0.013)
土壤肥力					0.020*** (0.006)	0.014*** (0.004)
作物销售价格						0.127*** (0.007)
是否具有品牌						0.020** (0.010)
北京市	−0.001 (0.002)	−0.001*** (0.000)	−0.002* (0.002)	−0.004 (0.003)	0.072*** (0.020)	0.018 (0.013)
河北省	0.004** (0.002)	−0.001** (0.000)	−0.003 (0.002)	0.012*** (0.002)	0.007 (0.013)	0.006 (0.008)
常数项	−0.010*** (0.002)	−0.014*** (0.001)	0.000 (0.002)	0.006*** (0.002)	0.019 (0.024)	−0.088*** (0.016)
调整的 R^2	0.863	0.986	0.309	0.873	0.130	0.555

注：*、**、*** 分别表示在 10%、5%、1%的水平上显著；括号中数字为标准误。化肥投入成本、商品有机肥投入成本、生产成本投入方程中 R^2 值较大的解释同表 6-7。

估计结果显示，单一方程法与系统法估计系数的符号及系数基本相同，说明采用不同的参数估计方法，并不会改变最终的模型回归估计结果，也就是说，本节的联立方程估计结果稳健性较高，相比而言，系统估计法估计系数的显著性表现更好。

三、结果分析与讨论

（一）苹果种植户全样本估计结果分析

1. 肥料投入之间的内在关联

模型估计结果显示，化肥投入成本与粪肥投入成本之间呈现显著正相关。表 6-5 的估计结果中，在以化肥投入成本为被解释的变量的回归中，粪肥投入成本的系数值为 0.173，其在 10%的水平上显著，在以粪肥投入成本为被解释的变量的回归中，化肥投入成本的系数值为 0.078，其在 1%的水平上显著，系数值差异说明粪肥投入成本的变动在更大程度上能引起化肥成本投入的变化。估计结果说明了化肥与有机肥之间的正向互动关系。但苹果种植户的全样本估计结果表明这种正向互动关系仅存在于化肥与粪肥之间，化肥与商品有机肥之间的正向互动关系并不显著。表明苹果种植户化肥投入成本与粪肥投入成本之间具有一定的互补关系。

模型估计结果显示，商品有机肥投入成本与粪肥投入成本之间呈现显著的负相关。表 6-5 的估计结果中，在以商品有机肥投入成本为被解释的变量的回归中，粪肥投入成本的系数值为－0.262，其在 1%的水平上显著，在以粪肥投入成本为被解释的变量的回归中，商品有机肥投入成本的系数值为－0.077，其在 10%的水平上显著，系数值差异说明粪肥投入成本的变动在更大程度上能引起商品有机肥成本投入的变化。估计结果说明了商品有机肥与粪肥之间的负向互动关系。表明苹果种植户商品有机肥投入成本与粪肥投入成本之间具有一定的替代关系。

2. 肥料投入与产出效应之间的互动关系

模型估计结果显示，化肥投入成本、商品有机肥投入成本、粪肥投入成本均对苹果生产总成本具有正向显著影响。表 6-5 的估计结果中，化肥投入成本的系数值为 0.377，其在 1%的水平上显著；商品有机肥投入成本的系数值为 0.649，其在 1%的水平上显著；粪肥投入成本的系数值为 0.913，其在 1%的水平上显著。说明有机肥投入成本的增加对苹果种植总成本的增加影响较大，尤其是粪肥的施用，在苹果种植户样本中，粪肥施用并没有传统研究中认为的省钱。估计结果说明了肥料投入对生产成本的正向作用。表明苹果种植户肥料投入成本的增加会显著提高其生产总成本。

模型估计结果显示，增大生产成本的投入可以在一定程度上显著提高苹果产量，生产成本的系数值为0.281，其在1%的水平上显著。表6-6的进一步估计结果中，肥料投入成本中，化肥投入成本对苹果产量具有正向显著影响。化肥投入成本的系数值为0.716，其在1%的水平上显著，说明现阶段，本节的苹果种植户样本中，化肥的投入成本增加依旧可以带来苹果产量的提高，而有机肥投入成本的增加对于苹果产量的影响并不显著。

模型估计结果显示，苹果产量的增加可以显著提高苹果种植的销售收入，苹果产量的系数值为2.854，其在1%的水平上显著。表6-6的进一步估计结果中，肥料投入成本中，化肥投入成本、商品有机肥投入成本对苹果销售收入具有正向显著影响。化肥投入成本的增加对苹果销售收入的影响主要源自对苹果产量的正向作用，化肥投入成本的系数值为2.017，其在5%的水平上显著，而商品有机肥投入成本的增加对苹果销售收入的影响主要因为对苹果销售价格的正向作用，商品有机肥投入成本的系数值为2.658，其在5%的水平上显著。说明现阶段，本节的苹果种植户样本中，商品有机肥投入成本的增加可以有效提高苹果质量。进而提高苹果销售价格，但是短期内并不能有效提高苹果产量。

模型估计结果显示，苹果销售收入对商品有机肥投入成本、粪肥投入成本具有正向显著影响。表6-5的估计结果中，苹果销售收入的系数值分别为0.009和0.008，均在5%的水平上显著。说明苹果的预期销售收入对有机肥的成本投入具有显著的促进作用。结合肥料成本回归方程和销售收入回归方程，可以发现，苹果种植户肥料成本投入与销售收入之间具有正向互动关系。在本节苹果种植户样本中，这种正向互动关系并不是完全的，仅存在于商品有机肥成本投入与苹果销售收入之间。

3. 外生变量影响分析

模型估计结果显示，化肥用量、化肥价格、是否为有机肥替代化肥试点区、种植经验对化肥投入成本具有显著正向影响。表6-3的估计结果中，化肥用量的系数值为 0.821，其在 1%的水平上显著，化肥价格的系数值为 0.030，其在 1%的水平上显著，是否为有机肥替代化肥试点区的系数值为 0.016，其在 10%的水平上显著，种植经验的系数值为 0.000，其在 1%的水平上显著。化肥施用量对化肥成本投入产生的直接影响远大于化肥价格对其造成的影响，有机肥替代化肥试点区域苹果种植户化肥投入成本更多，主要是试点的区域确定主要集中在化肥施用成本相对较高的地区，而调研时，试点工作成效还未得以体现。

商品有机肥施用量、商品有机肥价格、商品有机肥购置补贴对商品有机肥投入成本具有显著正向影响。表 6-3 的估计结果中，商品有机肥用量的系数值为 0.180，其在 1%的水平上显著，商品有机肥价格的系数值为 0.040，其在 1%的水平上显著，商品有机肥购置补贴的系数值为 0.009，其在 5%的水平上显著。商品有机肥施用量对商品有机肥成本投入产生的直接影响远大于商品有机肥价格对其造成的影响。商品有机肥购置补贴增加了商品有机肥投入成本，主要是因为补贴政策大大促进了苹果种植户的商品有机肥购置行为，提高了苹果种植户的商品有机肥施用量，造成其成本相应升高。

粪肥施用量、粪肥价格对粪肥投入成本具有显著正向影响。表 6-3 的估计结果中，粪肥用量的系数值为 0.050，其在 1%的水平上显著，粪肥价格的系数值为 0.072，其在 1%的水平上显著。与化肥和商品有机肥不同的是，粪肥价格对粪肥成本投入产生的直接影响大于粪肥施用量对其造成的影响，可能的原因是，粪肥的获取途径比较分散，没有相对统一的价格，粪肥定价具有随机性和不确定性，对种植户成本投入影响较大。同时，苹果种植户自身养殖对粪肥成本投入具有负向作用，但不显著，出现该结果的原因可能是，苹果种植户属于专业化经营农户，同时经营畜禽养殖的种植户很少，并且养殖规模极小，不足以实现自身种养结合，反而自身养殖的种植户对粪肥的认可程度较强，更有施用粪肥的意愿，所以导致自身养殖种植户其粪肥投入成本相对较高。

其他成本对生产成本具有显著正向影响，表 6-3 的估计结果中，其他成本的系数值为 1.158，其在 1%的水平上显著，其中雇工费用、农药费用、套袋费用是苹果种植户生产成本中除肥料投入成本的重要支出。上一年农业生产收入对生产成本的正向影响不显著，可能的原因是，样本苹果种植户果园树龄差异化较大，苹果种植户会根据树龄决定当年的生产投入成本，所以上一年的农业收入对苹果种植户决策当年生产成本投入的影响并不大。

土壤肥力对苹果产量具有显著正向影响，表 6-3 的估计结果中，土壤肥力的系数值为 0.029，其在 10%的水平上显著。在 OLS 回归中，采纳测土配方对苹果产量的正向影响不显著，但在 3SLS 回归中，采纳测土配方对苹果产量具有显著正向影响，采纳测土配方的系数值为 0.093，其在 10%的水平上显著。

苹果销售价格对苹果销售收入具有显著正向影响，表 6-3 的估计结果中，苹果销售价格的系数值为 0.320，其在 1%的水平上显著，具有品牌对苹果销售收入的正向影响不显著，可能的原因是样本种植户中，具有品牌的苹果种植户数量相对较多，品牌之间差异化较大，只有少数品牌能真正带来溢价功能，所以导致估计结果中，品牌的溢价功能并不明显。

区域变量对苹果种植户的投入产出水平具有一定的影响，河北省的区域异质性相对更为显著。

（二）玉米种植户全样本估计结果分析

1. 肥料投入之间的内在关联

模型估计结果显示，化肥投入成本与商品有机肥投入成本之间呈现显著负相关。表 6-9 的估计结果中，在以化肥投入成本为被解释的变量的回归中，商品有机肥投入成本的系数值为－0.140，其在 5%的水平上显著，在以商品有机肥投入成本为被解释的变量的回归中，化肥投入成本的系数值为－0.012，其在 5%的水平上显著，系数值差异说明商品有机肥投入成本的变动在更大程度上能引起化肥成本投入的变化。玉米种植户资金禀赋条件相对较弱，肥料投入总成本有限，商品有机肥投入成本相对较高，一旦投入，就会在很大程度上挤占其他肥料成本投入，也就影响到了化肥的投入成本。这种显著的负相关特征表明玉米种植户化肥投入成本与商品有机肥投入成本之间具有一定的替代关系。

模型估计结果显示，商品有机肥投入成本与粪肥投入成本之间呈现负相关，但估计系数并不显著。出现该结果的原因可能是，玉米种植户商品有机肥投入成本极低，商品有机肥与粪肥两种肥料间不存在显著的成本挤压，所以其不受粪肥成本投入的影响。

2. 肥料投入与产出效应之间的互动关系

模型估计结果显示，化肥投入成本、商品有机肥投入成本、粪肥投入成本均对苹果生产总成本具有正向显著影响。表6-9的估计结果中，化肥投入成本的系数值为0.102，其在10%的水平上显著；商品有机肥投入成本的系数值为0.725，其在1%的水平上显著；粪肥投入成本的系数值为1.346，其在1%的水平上显著。说明有机肥投入成本的增加对苹果种植总成本的增加影响较大，尤其是粪肥的施用，这一点玉米种植户的样本特征与苹果种植户相同，再一次说明粪肥施用并没有传统研究中认为的省钱。估计结果说明了肥料投入对生产成本的正向作用。表明玉米种植户肥料投入成本的增加会显著提高其生产总成本。

模型估计结果显示，增大生产成本的投入可以在一定程度上显著提高苹果产量，生产成本的系数值为0.643，其在1%的水平上显著。表6-10的进一步估计结果中，肥料投入成本中，粪肥投入成本对玉米产量具有负向显著影响。粪肥投入成本的系数值为－3.478，其在1%的水平上显著，说明现阶段，本节的玉米种植户样本中，粪肥的投入成本增加阻碍了玉米增产，出现该结果的原因可能是，当期粪肥投入成本的增加可能源自目前种植户经营土地土壤肥力情况较差，而土壤肥力情况差使得种植户玉米产量相对较低。

模型估计结果显示，玉米产量的增加可以提高玉米种植的销售收入，玉米产量的系数值为0.950，其在1%的水平上显著。表6-10的进一步估计结果中，肥料投入成本中，粪肥投入成本对玉米销售收入具有负向显著影响。粪肥投入成本的增加对玉米销售收入的影响主要源自对玉米产量的负向作用，粪肥投入成本的系数值为－2.133，其在1%的水平上显著。

模型估计结果显示，玉米销售收入对肥料投入成本影响不显著。出现该结果的原因可能是，玉米的销售收入较为稳定，异质性种植户间差异并不大，所以玉米种植户的肥料投入成本决策与其预期玉米销售收益之间相对独立，玉米种植户不会轻易根据预期收益来改变肥料投入决策。结合肥料成本回归方程和销售收入回归方程，可以发现，玉米种植户肥料成本投入与销售收入之间不具有互动关系。在本研究中的玉米种植户样本，仅存在粪肥投入成本对玉米销售收入具有负向作用这一种关系。

3. 外生变量影响分析

模型估计结果显示，化肥用量、化肥价格、种植经验对化肥投入成本具有显著正向影响。表 6-7 的估计结果中，化肥用量的系数值为 1.287，其在 1%的水平上显著，化肥价格的系数值为 0.009，其在 1%的水平上显著，种植经验的系数值为 0.000，其在 1%的水平上显著。化肥施用量对化肥成本投入产生的直接影响远大于化肥价格对其造成的影响。有机肥替代化肥试点区域的设置主要针对果蔬茶种植户，对该区域内玉米种植户的肥料投入成本短期影响效果微乎其微。

商品有机肥施用量、商品有机肥价格、商品有机肥购置补贴对商品有机肥投入成本具有显著影响。表 6-7 的估计结果中，商品有机肥用量的系数值为 0.971，其在 1%的水平上显著，商品有机肥价格的系数值为 0.015，其在 1%的水平上显著，商品有机肥购置补贴的系数值为−0.001，其在 5%的水平上显著。商品有机肥施用量对商品有机肥成本投入产生的直接影响远大于商品有机肥价格对其造成的影响。对于玉米种植户来说，其商品有机肥的成本投入相较于苹果种植户来说非常小，商品有机肥购置补贴并没有促进其商品有机肥施用量，只是在购置当期稍稍降低了商品有机肥投入成本。

粪肥施用量、粪肥价格对粪肥投入成本具有显著正向影响。表 6-7 的估计结果中，粪肥用量的系数值为 0.013，其在 1%的水平上显著，粪肥价格的系数值为 0.064，其在 1%的水平上显著。该结果特征与苹果种植户相似，粪肥价格对粪肥成本投入产生的直接影响大于粪肥施用量对其造成的影响，可能的原因是，粪肥的获取途径比较分散，没有相对统一的价格，粪肥定价具有随机性和不确定性，对种植户成本投入影响较大。同时，玉米种植户自身养殖对粪肥成本投入具有负向作用，但不显著，出现该结果的原因可能与苹果种植户类似，同样是因为专业化经营农户，同时经营畜禽养殖的种植户很少，并且养殖规模极小，不足以实现自身种养结合，反而自身养殖的种植户对粪肥的认可程度较强，更有施用粪肥的意愿，所以导致自身养殖种植户其粪肥投入成本相对较高。

其他成本对生产成本具有显著正向影响，表 6-7 的估计结果中，其他成本的系数值为 1.158，其在 1%的水平上显著，其中机械租赁费用是玉米种植户生产成本中除肥料投入成本的重要支出。上一年农业生产收入对生产成本的正向影响不显著，可能的原因是，样本玉米种植户虽然年均农业收入差异化显著，但玉米种植的亩均收入差距并不大，所以玉米种植户的总生产成本投入相对稳定，所以上一年的农业收入对玉米种植户决策当年生产成本投入的影响并不大。

土壤肥力对玉米产量具有显著正向影响，表 6-7 的估计结果中，土壤肥力的系数值为 0.015，其在 5%的水平上显著。采纳测土配方对玉米产量的负向影响不显著，可能的原因是，选择施用测土配方肥料的样本玉米种植户，其土壤肥力本身相对较弱，产量普遍不高。

玉米销售价格对玉米销售收入具有显著正向影响，表 6-7 的估计结果中，玉米销售价格的系数值为 0.139，其在 1%的水平上显著，具有品牌对玉米销售收入的正向影响不显著，可能的原因是样本种植户中，具有品牌的玉米种植户数量相对极少，品牌的溢价功能无从发挥。

区域变量对玉米种植户的投入产出水平具有一定的影响，尤其是在生产成本投入、玉米产量、玉米销售收入方面的区域异质性表现更为显著。

本章小结

本章基于异质性种植户肥料要素投入决策与产出效应互动关系理论分析，构建包含肥料投入、生产成本、作物产量、销售收入的联立方程模型，对苹果种植户、玉米种植户分别进行肥料投入决策与产出效应的影响机制的实证分析。实证结果厘清了假说 H6-1 提出的肥料要素投入互动关系，部分检验了假说 H6-2 的投入产出互动机制，同时清晰地呈现了假说 H6-3 的肥料投入决策及其产出效应的种植户异质性特点。得到以下主要结论：

一是肥料要素之间存在互动关系，具体互动逻辑因种植户类型呈现不同特征。苹果种植户化肥投入成本与粪肥投入成本之间具有一定的互补关系；苹果种植户商品有机肥投入成本与粪肥投入成本之间具有一定的替代关系；玉米种植户化肥投入成本与商品有机肥投入成本之间具有一定的替代关系。

二是肥料投入与产出之间存在互动关系，具体互动机制因种植户类型呈现不同的机理特征。在苹果种植户样本中，化肥投入成本增加可以带来苹果产量的提高，进而间接带来苹果销售收入的提高，商品有机肥投入成本增加并不能短期提高苹果产量，但可以通过有效提质优价来间接提高苹果销售收益。苹果销售收入对苹果种植户商品有机肥投入成本、粪肥投入成本具有正向显著影响。在玉米种植户样本中，肥料成本投入的增加并不能带给玉米种植户短期显著的增产增收。

三是外生变量对肥料投入和产出具有一定影响，具体作用效果因种植户类型有所差异。影响效果一致的是：种植经验对两种作物化肥投入成本均具有显著正向影响；土壤肥力对两种作物产量均具有显著正向影响；作物销售价格对作物销售收入具有显著正向影响。影响效果不同的是：商品有机肥购置补贴对苹果种植户商品有机肥投入成本具有显著正向影响，但对玉米种植户商品有机肥投入成本具有显著负向影响；河北省的区域异质性对苹果种植户的投入产出水平的影响相对更为显著，玉米种植户在生产成本投入、玉米产量、玉米销售收入方面的区域异质性表现更为突出。

第七章

研究结论及政策启示

引言：化肥过量施用、有机肥投入量不足加剧了土壤营养失衡和基础肥力下降；畜禽粪便资源量庞大但利用不足，造成有机质资源堆积浪费和环境污染。畜禽粪便还田利用成为推进资源合理利用的现实需要。

种植户畜禽粪便有机肥施用行为对缓解养殖污染、落实种养结合、实现农业可持续发展等方面具有重要意义。因此，如何引导种植户施用畜禽粪便有机肥成为实现养殖废弃物肥料化、缓解养殖废弃物污染的关键环节。有效促进种植户畜禽粪便有机肥施用行为的根本在于明确其施用决策机制。在农业绿色发展的背景下，立足于种植户微观数据对其畜禽粪便有机肥施用行为决策机制的深入探讨对推动农业供给侧改革、推动农业高质量发展方面具有重要意义。

第一节 研究结论

本书围绕种植户畜禽粪便有机肥施用行为，首先，基于相关理论的归纳思考，构建了以外部激励为外在驱动、技术认知为内在动力、经济效益为内生力量、农户禀赋为内在制约的种植户畜禽粪便有机肥施用决策机制理论分析框架；其次，通过对畜禽粪便有机肥施用宏观、微观环境的深入分析，了解了畜禽粪便有机肥施用的现实基础；再次，利用种植户实地调研数据，运用多元 Probit 模型、二元 Probit 模型、倾向得分匹配法（PSM）、中介效应模型、联立方程模型（包括单一方程估计法和系统估计法 SUR、3SLS）对理论分析框架进行实证检验，厘清种植户畜禽粪便有机肥施用行为的内在决定逻辑、明晰外部激励措施对种植户畜禽粪便有机肥施用行为的外部驱动机制、掌握种植户畜禽粪便有机肥施用行为的经济效应及其互动路径。得到的主要结论如下：

第一，关于种植户畜禽粪便有机肥施用行为的禀赋约束研究表明：种植户自身禀赋特点与畜禽粪便有机肥施用技术属性的非对称性和偏差是导致其不愿意施用畜禽粪便有机肥料的根本原因，同时也是导致不同类型种植户肥料选择偏好的根本原因。具体表现为：种植户资本禀赋约束对其选择带有节资属性的肥料技术具有显著影响，种植户劳动力禀赋充裕对其选择带有增劳属性的肥料技术具有显著影响，种植户风险规避态度对其选择具有产出不确定性特征的肥料技术有显著影响。

第二，外部激励措施对种植户畜禽粪便有机肥施用行为的影响研究表明：①相关外部激励措施（商品有机肥购置补贴、田间肥料技术培训、肥料施用服务）对种植户畜禽粪便有机肥施用行为具有显著促进作用，且该促进作用不存在明显的自选择偏误。具体表现为：补贴、培训、服务对商品有机肥施用行为具有显著促进作用，服务对粪肥施用行为具有显著促进作用。②种植户禀赋特征在外部激励和种植户畜禽粪便有机肥施用行为之间发挥调节作用，禀赋约束越强的种植户，相关外部激励对其行为的促进作用越显著。具体表现为：补贴、培训、服务对玉米种植户畜禽粪便有机肥施用行为的显著促进作用更明显，补贴、服务对低兼业户商品有机肥施用行为的促进作用更明显，培训对高兼业户商品有机肥施用行为的促进作用更明显，服务对高兼业户粪肥施用行为的促进作用更明显。③种植户畜禽粪便有机肥施用感知在外部激励和畜禽粪便有机肥施用行为之间发挥中介作用。具体表现为：补贴通过正向影响肥料施用可得性感知、有效性感知、易用性感知促进商品有机肥的施用行为，培训通过正向影响肥料施用易用性感知、有效性感知，促进商品有机肥的施用行为，服务通过正向影响肥料施用可得性感知、有效性感知、易用性感知，促进商品有机肥和粪肥施用行为。对于苹果种植户来说，肥料施用的中介效应作用更加明显。同时，商品有机肥购置补贴可以通过增加种植户商品有机肥料的可得性感知来促进其持续施用行为。

第三，种植户畜禽粪便有机肥施用效应研究表明：①种植户畜禽粪便有机肥的投入会影响其化肥投入。具体表现为：对于苹果种植户来说，粪肥投入成本与化肥投入成本之间具有一定的互补关系，商品有机肥投入成本与粪肥投入成本之间具有一定的替代关系；对于玉米种植户来说，商品有机肥投入成本与化肥投入成本之间具有一定的替代关系。②畜禽粪便有机肥的投入对不同类型种植户的增产增收效应不同。具体表现为：对于苹果种植户，商品有机肥投入成本增加并不能短期提高苹果产量，但可以通过有效提质优价来间接提高苹果销售收益；对于玉米种植户来说，畜禽粪便有机肥的投入增加并不能带给玉米种植户短期显著的增产增收。③种植经验对化肥投入成本具有显著正向影响；土壤肥力对作物产量具有显著正向影响；作物销售价格对作物销售收入均具有显著正向影响。除此之外，对于苹果种植户来说，预期销售收入对其畜禽粪便有机肥投入具有正向显著影响。

第二节　政策启示

基于如上所得结论，本书得出如下相关政策启示，以期为缓解养殖污染、落实种养结合、实现农业可持续发展提供有益思考。

一、优化区域农业产业布局，构建种养结合生产、经营、产业体系

将有机肥推广与化肥减量、畜禽粪污资源化利用目标融为一体，实现以地定养、以养促种。基于不同种植品种对粪肥和商品有机肥的需求，积极搭建粪肥或商品有机肥交易合作平台，在空间和时间上链接养殖集中区与种植集中区；加强粪肥资源规划，依据各地种养产业发展实况，合理设计当地商品有机肥加工企业的布局和规模，降低畜禽粪便收集、处理成本，促进畜禽粪肥易得、易用，降低种植户畜禽粪肥施用门槛，推动粪肥便捷化施用；通过单个经营主体内部自循环、种养主体之间合作、引入第三方、区域合作等方式实现多主体、多层面的种养结合，打通畜禽粪便还田最后一公里。

二、培育和壮大第三方服务组织，有效释放种植户禀赋约束

积极推动畜禽粪污还田的机械化和信息化第三方服务组织，不仅可以有效链接种养结合，满足种植户畜禽粪便有机肥的可得需求，还可以释放种植户畜禽粪便有机肥施用过程中的劳动力禀赋约束。在养殖集中区域，设置区域性畜禽粪肥施用服务组织，探索建立有机肥施用社会化服务付费机制，政府可对运输车辆、施肥机械、服务费用等进行引导性补贴，对粪肥还田收集处理、施用服务等不同环节的服务量予以补奖，对提供全环节服务的专业化服务主体，可依据还田面积按亩均标准打包补奖。降低种植户畜禽粪便有机肥料施用成本，让农户从繁重粪肥施用中解放出来，激发种植户施用畜禽粪肥的积极性。

三、加快有机肥管理体系建设，充分发挥政府监管保障作用

严把有机肥质量关，鼓励有机肥料生产企业质量管理体系认证，定期开展市场抽查检测检验工作，释放政策利好的同时，也要防范投机分子，避免劣币驱逐良币。创建有机肥生产企业信用记录，并将其定期公布优秀化肥生产企业名录，并将不良化肥产品的资料及时公布，协助农户选择好的产品；加快完善有机肥生产标准，严控源头添加和生产规范，将有机肥市场监管的链条延伸至饲料产品监测，逐步建立以企业为主体的有机肥追溯体系。

四、聚焦关键环节与重点主体，有效发挥补贴资金的撬动作用

畜禽粪便有机肥施用的关键在农户施用环节，但施用又受到供给的限制。因此，畜禽粪便有机肥补贴应重点聚焦供给环节与施用环节。供给环节，应重点培育有机肥领军企业，扶持立足消纳本地农业有机废弃物的有机肥企业，在收集有机肥肥源、肥料产品的研发生产、运输推广等方面给予优惠政策与补贴，探索政府采购、物化补贴等新型组织、服务方式；施用环节，应构建普惠制政策体系，完善并细化有机肥补贴政策，加大对大田作物种植户畜禽粪便有机肥的施用补贴力度，倾向于为其购买的有机肥施用服务提供补贴，重点解决其流动资金、经营规模与畜禽粪便有机肥施用技术相匹配的问题，助力其转型生产方式。畜禽粪便有机肥补贴方案的制定应围绕有机肥生产者与使用者，使补贴资金在促进有机肥生产和施用方面发挥积极作用。

五、促进农机农艺相结合，全方位提高畜禽粪便有机肥施用效率

推行种养结合，实现养殖粪污全量化还田，终究是要还到大田作物中，实现大规模的施用。这就对现有的农机科技提出了更高的要求，针对区域特点设计研发应用范围广、作业能力强的有机肥施用装备，研究推广适合我国不同区域、不同田块类型的粪肥还田利用输送和施肥设备，提升畜禽有机肥施用机械化水平，提高粪肥还田的效率。加强农技推广人员与种植户的互动交流，为农民提供生产全程技术、信息、市场等系列化服务，通过服务带动农民参与，提高种植户生产能力及生产积极性。强化精准服务，组建施肥专家团队，深入一线开展技术培训和指导服务，以有效降低潜在采纳者因信息不充分造成的主观风险。

第三节　研究展望

本书基于微观种植户数据，对种植户畜禽粪便有机肥施用行为决策进行深入讨论。并根据研究结论提出了相关建议，丰富了现有研究。但在研究对

象、研究样本量、研究方法方面也存在一定不足，这也是未来需要进一步拓展的方向。

从研究对象上看，本书选取了经济作物和大田作物的代表作物苹果、玉米进行异质性研究，将大田作物种植户纳入畜禽粪便有机肥施用行为主体研究相比较以往文献已具有一定的创新性，但不同的大田作物种植户之间仍然存在异质性，即不同类型的大田作物种植户的畜禽粪便有机肥施用行为决策可能存在一定差异。因此，未来可以选择其他大田作物种植户来进行对比分析，以期更全面掌握大田作物种植户的畜禽粪便有机肥施用行为逻辑。

从研究样本量上看，由于疫情影响，实地调研样本量整体偏小，虽具有一定代表性，但不足以支撑部分需要大数据量的统计检验，研究结果缺乏更细致的稳健性检验。因此，未来将继续沿着该研究方向，适应疫情大环境下的科研思路及手段，尝试使用网络问卷调研、电话访谈的方式对更大规模的种植户进行主题调研，以期获得更严谨、更具有说服力的研究结果。

从研究方法来看，本书主要采用实证分析法探讨种植户畜禽粪便有机肥施用行为决策，虽然能够比较客观准确进行量化分析，但缺乏从案例的角度具体讨论外部激励措施对种植户行为的促进作用及种植户施用行为效应。因此，未来可运用案例研究方法，通过对种植户、政府、第三方服务组织、肥料企业、养殖户等多方主体的深入访谈来挖掘种植户畜禽粪便有机肥施用行为逻辑。

本章小结

本章总结了全文的研究结论，并提出了推进资源合理利用、引导种植户施用畜禽粪便有机肥的政策启示。同时，进一步指出本书在研究数据、研究方法和研究内容方面存在的缺陷和不足，进一步明确未来的研究方向。

参 考 文 献

[1] 白由路. 粮食安全与环境安全的肥料发展双目标[J]. 中国农业信息,2017(04):32-35.

[2] 蔡荣,蔡书凯. 保护性耕作技术采用及对作物单产影响的实证分析——基于安徽省水稻种植户的调查数据[J]. 资源科学,2012,34(09):1705-1711.

[3] 蔡荣. 合同生产模式与农户肥料施用结构——基于山东省苹果种植农户调查数据的实证分析[J]. 农业技术经济,2011(03):41-51.

[4] 蔡荣.农业化学品投入状况及其对环境的影响[J]. 中国人口·资源与环境,2010, 20(3): 107-110.

[5] 曾杨梅,张俊飚,何可,不同代际传递方式对稻农有机肥施用意愿的影响[J].中国生态农业学报(中英文),2019,27(04):644-653.

[6] 陈华山. 经济现代化条件下农业经济的地位与作用[J]. 湖北大学学报(哲学社会科学版),1996(04):25-30.

[7] 陈欢,周宏,孙顶强. 信息传递对农户施药行为及水稻产量的影响——江西省水稻种植户的实证分析[J]. 农业技术经济,2017(12):23-31.

[8] 陈梅英,等. 农业绿色生产技术采纳对农户收入的影响效应研究[J]. 生态与农村环境学报,2021,37(10):1310-1317.

[9] 陈姗姗,等.农户有限理性土地利用行为决策影响因素——以陕西省米脂县高西沟村为例[J]. 自然资源学报. 2012(08):1286-1295.

[10] 陈素琼. 代际差异视角下农村劳动力转移对农业老龄化、女性化的影响[J]. 江苏农业科学,2015,43(09):515-517.

[11] 陈玉萍,等. 资源贫瘠地区农户技术采用的影响因素分析[J]. 中国人口·资源与环境,2010,20(04):130-136.

[12] 程杰贤,郑少锋. 政府规制对农户生产行为的影响——基于区域品牌农产品质量安全视角[J]. 西北农林科技大学学报(社会科学版),2018,18(02):

115-122.

[13] 仇焕广，蔡亚庆，白军飞. 基于路径依赖视角对中国苹果产业区域发展模式异化的解释——对陕西和山东苹果产业发展路径的比较研究[J]. 经济社会体制比较，2011(02)：78-83+189.

[14] 仇焕广，等. 风险规避对农户化肥过量施用行为的影响[J]. 中国农村经济，2014(03)：85-96.

[15] 仇焕广，等.中国农村畜禽粪便处理方式及其影响因素——基于五省调查数据的实证分析[J].中国农村经济，2012(03)：78-87.

[16] 仇童伟，罗必良.种植结构"趋粮化"的动因何在？——基于农地产权与要素配置的作用机理及实证研究[J].中国农村经济，2018(02)：65-80.

[17] 储成兵. 农户 IPM 技术采用行为及其激励机制研究[D].北京：中国农业大学，2015.

[18] 褚彩虹，冯淑怡，张蔚文.农户采用环境友好型农业技术行为的实证分析——以有机肥与测土配方施肥技术为例[J].中国农村经济，2012(03)：68-77.

[19] 崔悦，等.水稻优生区农户资本禀赋对其耕地保护决策行为的影响——基于双栏模型的实证研究[J].中国生态农业学报(中英文)，2019，27(06)：959-970.

[20] 董占荣. 猪粪中的重金属对菜园土壤和蔬菜重金属积累的影响[D]. 杭州：浙江大学，2006.

[21] 丰军辉，何可，张俊飚.家庭禀赋约束下农户作物秸秆能源化需求实证分析——湖北省的经验数据[J].资源科学，2014，36(03)：530-537.

[22] 冯焕德，等. 羊粪发酵肥替代化肥对芒果园土壤性状、叶片营养及果实品质的影响[J]. 中国土壤与肥料，2019(06)：190-195.

[23] 冯晓龙，仇焕广，刘明月. 不同规模视角下产出风险对农户技术采用的影响——以苹果种植户测土配方施肥技术为例[J]. 农业技术经济，2018(11)：120-131.

[24] 甘艳露，等. 有机肥施肥方式对水稻主要病虫害发生及产量的影响[J]. 浙江农业科学，2014(12)：1844-1846.

[25] 高晶晶，彭超，史清华.中国化肥高用量与小农户的施肥行为研究——基于1995—2016 年全国农村固定观察点数据的发现[J].管理世界，2019，35(10)：120-132.

[26] 高晶晶,史清华. 中国农业生产方式的变迁探究——基于微观农户要素投入视角[J]. 管理世界,2021,37(12):124-134.

[27] 高杨,牛子恒. 风险厌恶、信息获取能力与农户绿色防控技术采纳行为分析[J]. 中国农村经济,2019(08):109-127.

[28] 高瑛,等. 农户生态友好型农田土壤管理技术采纳决策分析——以山东省为例[J]. 农业经济问题,2017,38(01):38-47+110-111.

[29] 耿飙,罗良国. 农户减少化肥用量和采用有机肥的意愿研究——基于洱海流域上游面源污染防控的视角[J]. 中国农业资源与区划,2018,39(04):74-82.

[30] 巩前文,张俊飚,李瑾. 农户施肥量决策的影响因素实证分析——基于湖北省调查数据的分析[J]. 农业经济问题,2008(10):63-68.

[31] 谷艳茹,等. 天津市家庭农场养殖粪污耐药基因赋存特征及风险评估[J]. 农业环境科学学报,2020,39(02):394-402.

[32] 韩枫,朱立志.西部地区有机肥使用的农户行为分析——以甘肃省定西、临夏为例[J].中国土壤与肥料,2016(06):133-138.

[33] 韩军辉,李艳军. 农户获知种子信息主渠道以及采用行为分析——以湖北省谷城县为例[J]. 农业技术经济,2005(01):31-35.

[34] 何浩然,等. 农民施肥行为及农业面源污染研究[J]. 农业技术经济,2006(6):2-10.

[35] 何香婷. 青县设施蔬菜有机肥替代化肥农户意愿及影响因素分析[D].保定:河北农业大学,2018.

[36] 何亚芬. 农户异质性视角下丘陵山区耕地利用生态转型行为机理研究[D].南昌:江西财经大学,2018.

[37] 胡伦,陆迁. 干旱风险冲击下节水灌溉技术采用的减贫效应——以甘肃省张掖市为例[J]. 资源科学,2018,40(02):417-426.

[38] 黄腾,等. 节水灌溉技术认知、采用强度与收入效应——基于甘肃省微观农户数据的实证分析[J]. 资源科学,2018,40(02):347-358.

[39] 黄晓芙,张涛,侯勇. 农户粪肥施用的关键驱动和障碍因素——以曲周为例[J]. 农业资源与环境学报,2022,39(01):149-156.

[40] 黄晓慧. 资本禀赋、政府支持对农户水土保持技术采用行为的影响研究[D].咸阳:西北农林科技大学,2019.

[41] 黄炎忠,等. 农户认知、外部环境与绿色农业生产意愿——基于湖北省 632 个农户调研数据[J]. 长江流域资源与环境,2018,27(03):680-687.

[42] 黄炎忠,等.农户有机肥替代化肥技术采纳的影响因素——对高意愿低行为的现象解释[J].长江流域资源与环境,2019,28(03):632-641.

[43] 黄炎忠,罗小锋. 既吃又卖:稻农的生物农药施用行为差异分析[J]. 中国农村经济,2018(07):63-78.

[44] 黄祖辉,钟颖琦,王晓莉. 不同政策对农户农药施用行为的影响[J]. 中国人口・资源与环境. 2016(08):148-155.

[45] 姜彩红,等. 对畜禽养殖粪污资源化利用的思考[J]. 中国猪业,2017,12(07):18-21.

[46] 姜茜,王瑞波,孙炜琳. 我国畜禽粪便资源化利用潜力分析及对策研究——基于商品有机肥利用角度[J]. 华中农业大学学报(社会科学版), 2018(4): 30-37, 166-167.

[47] 蒋永穆,刘虔. 新时代乡村振兴战略下的小农户发展[J]. 求索,2018(02):59-65.

[48] 康婷,穆月英. 产销信息不对称对农户过量施肥行为的影响[J]. 西北农林科技大学学报(社会科学版),2020,20(02):111-119.

[49] 孔凡斌,钟海燕,潘丹. 小农户土壤保护行为分析——以施肥为例. 农业技术经济,2019(01):100-110.

[50] 孔祥智,等. 西部地区农户禀赋对农业技术采纳的影响分析[J]. 经济研究,2004(12):85-95+122.

[51] 黎孔清,马豆豆. 生态脆弱区农户化肥减量投入行为及决策机制研究——以山西省 4 县 421 户农户为例[J]. 南京农业大学学报(社会科学版),2018,18(05):138-145+159-160.

[52] 李宾,王婷婷,马九杰. 农业规模经营对农户化肥投入水平的影响——基于河南省 H 县的农户调查[J]. 农林经济管理学报,2017,16(04):430-440.

[53] 李福夺,任静,尹昌斌. 资本禀赋、价值认知与农户绿肥养地采纳行为——基于南方稻区农户调查数据及生态补偿政策的调节效应[J]. 农林经济管理学报,2020,19(04):464-475.

[54] 李福夺. 农户绿肥种植行为及其激励机制研究[D]. 北京:中国农业科学

院，2020.
[55] 李谷成，冯中朝，范丽霞. 小农户真的更加具有效率吗？来自湖北省的经验证据[J]. 经济学(季刊)，2010，9(01)：95-124.
[56] 李后建.农户对循环农业技术采纳意愿的影响因素实证分析[J].中国农村观察，2012(02)：28-36+66.
[57] 李楠楠，周宏. 农户资本禀赋对耕地质量保护行为选择的影响——以江西省为例[J]. 地域研究与开发，2019，38(02)：153-157.
[58] 李秋丹. 沂源县果农有机肥替代化肥受偿意愿实证研究[D].沈阳：沈阳农业大学，2018.
[59] 李秋生，李大胜. 绿色发展背景下中国化肥施用强度下降的驱动因素研究——基于空间面板数据模型的分析[J]. 农林经济管理学报，2019，18(04)：462-471.
[60] 李莎莎，朱一鸣. 测土配方施肥技术推广对农户过量施肥风险认知影响分析[J]. 农林经济管理学报，2017，16(01)：65-73.
[61] 李亚娟，马骥. 科学施肥技术的收入效应差异分析——基于粮农初始禀赋的实证估计[J]. 农业技术经济，2021(07)：18-32.
[62] 林毅夫，张鹏飞. 后发优势、技术引进和落后国家的经济增长[J]. 经济学(季刊)，2005(04)：53-74.
[63] 林毅夫.新结构经济学——重构发展经济学的框架[J].经济学(季刊)，2011，10(01)：1-32.
[64] 刘闯，仝志辉，陈传波.小农户现代农业发展的萌发：农户间土地流转和三种农地经营方式并存的村庄考察——以安徽省D村为个案分析[J].中国农村经济，2019(09)：30-47.
[65] 刘可，等. 家庭生命周期对农户规模经营意愿的影响分析——基于长江中游三省稻农的调查与分析[J]. 中国农业大学学报，2019，24(03)：187-197.
[66] 刘可，等.资本禀赋异质性对农户生态生产行为的影响研究——基于水平和结构的双重视角分析[J].中国人口·资源与环境，2019，29(02)：87-96.
[67] 刘乐，等.经营规模的扩大有助于农户采取环境友好型生产行为吗——以秸秆还田为例[J].农业技术经济，2017(05)：17-26.
[68] 刘莉. 有机肥替代化肥决策机制及效果研究[D]. 北京：中国农业科学

院,2020.

[69] 刘梅，杜丽丽，张晓. 基于 Logit 模型的农户有机肥施用意愿及影响因素分析——以山东为例[J]. 安徽农业科学，2010，38(9):4827-4829.

[70] 刘晓永,王秀斌,李书田. 中国农田畜禽粪尿磷负荷量及环境风险分析[J]. 农业环境科学学报,2019,38(11):2594-2608.

[71] 刘莹,黄季焜. 农户多目标种植决策模型与目标权重的估计[J]. 经济研究,2010,45(01):148-157+160.

[72] 栾江. 农业劳动力转移与化肥施用存在要素替代关系吗？——来自我国粮食主要种植省份的经验证据[J]. 西部论坛,2017,27(04):12-21.

[73] 罗岚,等. 认知规范、制度环境与果农绿色生产技术多阶段动态采纳过程——基于 Triple-Hurdle 模型的分析[J]. 农业技术经济,2022(10):98-113.

[74] 罗小娟,等. 太湖流域农户环境友好型技术采纳行为及其环境和经济效应评价——以测土配方施肥技术为例[J]. 自然资源学报,2013,28(11):1891-1902.

[75] 马骥，蔡晓羽. 农户降低氮肥施用量的意愿及其影响因素分析——以华北平原为例[J]. 中国农村经济，2007(9)：9-16.

[76] 马骥. 农户粮食作物化肥施用量及其影响因素分析——以华北平原为例[J]. 农业技术经济，2006(6)：157.

[77] 马千惠,郑少锋,陆迁. 社会网络、互联网使用与农户绿色生产技术采纳行为研究——基于 708 个蔬菜种植户的调查数据[J]. 干旱区资源与环境,2022,36(03):16-21+58.

[78] 毛南赵,等. 基于 ODD 框架的农户有限理性决策模型的构建及模拟——以陕西省米脂县马蹄洼村为例[J]. 中国农业资源与区划,2018,39(05):164-171+218.

[79] 孟祥海,周海川,周海文. 区域种养平衡估算与养殖场种养结合意愿影响因素分析:基于江苏省的实证研究[J]. 生态与农村环境学报,2018,34(02):132-139.

[80] 齐萌萌. 农户清洁生产意愿、行为及其偏差的实证研究[D].泰安:山东农业大学,2018.

[81] 钱龙,钱文荣,陈方丽. 农户分化、产权预期与宅基地流转——温州试验区的

调查与实证[J]. 中国土地科学,2015,29(09):19-26.

[82] 钱龙. 非农就业、农地流转与农户农业生产变化[D].浙江大学,2017.

[83] 乔金杰,等. 政府补贴对低碳农业技术采用的干预效应——基于山西和河北省农户调研数据[J]. 干旱区资源与环境,2016,30(04):46-50.

[84] 任桂娟,张晓莉. 中国农村劳动力转移就业:历史轨迹和新时代新方向[J]. 中国人事科学,2019(09):89-94.

[85] 任红燕,史清华. 山西农户家庭粮食收支平衡的实证分析[J]. 农业技术经济,1999(05):12-15.

[86] 任守云,付会洋. 农业现代化进程中农耕知识传播的动力、过程和影响——以河北省李村为例[J]. 农业经济问题,2017,38(09):92-100+112.

[87] 茹敬贤. 农户施肥行为及影响因素分析[D].杭州:浙江大学, 2008.

[88] 阮蓉, 等. 天津市家庭养殖环境中抗生素污染特征与风险评估[J]. 农业环境科学学报, 2021, 40(1):202-210.

[89] 沈冰涛,等. 有机肥替代化肥对小麦产量及土壤养分和酶活性的影响[J]. 长江大学学报(自然科学版),2019,16(05):46-52+7-8.

[90] 沈仕洲,等. 施用有机肥对农田温室气体排放影响研究进展[J]. 中国土壤与肥料, 2015(6):1-8.

[91] 沈兴兴. 普通农户与新型经营主体绿色发展支持政策探析——基于化肥减量化视角[J]. 农村经济与科技,2019,30(13):1-4.

[92] 石晓晓, 等. 中国畜禽粪便养分资源总量及替代化肥潜力[J]. 资源科学, 2021, 43(2): 403-411.

[93] 史常亮,郭焱,朱俊峰. 中国粮食生产中化肥过量施用评价及影响因素研究[J]. 农业现代化研究,2016,37(04):671-679.

[94] 史常亮,朱俊峰,栾江. 农户化肥施用技术效率及其影响因素分析——基于4省水稻种植户的调查数据[J]. 农林经济管理学报,2015,14(03):234-242.

[95] 史恒通, 赵敏娟, 霍学喜. 农户施肥投入结构及其影响因素分析——基于7个苹果主产省的农户调查数据[J]. 华中农业大学学报(社会科学版), 2013(2): 1-7.

[96] 舒畅,乔娟.基于养殖废弃物肥料化的种植户施用关联效应研究[J].农业技术经济,2016(12):32-42.

[97] 舒畅. 基于经济与生态耦合的畜禽养殖废弃物治理行为及机制研究[D]. 北京:中国农业大学,2017.

[98] 速水佑次郎. 农业发展的国际分析[M]. 北京:中国社会科学出版社,2000

[99] 孙若梅.绿色农业生产:化肥减量与有机肥替代进展评价[J].重庆社会科学,2019(06):33-43.

[100] 孙天格. 露地蔬菜种植户有机肥施用意愿及影响因素研究[D].沈阳农业大学,2019.

[101] 陶源. 农户减施化肥行为及其效应研究[D].泰安:山东农业大学,2021.

[102] 佟大建,黄武,应瑞瑶. 基层公共农技推广对农户技术采纳的影响——以水稻科技示范为例[J]. 中国农村观察,2018(04):59-73.

[103] 童洪志,刘伟. 政策组合对农户保护性耕作技术采纳行为的影响机制研究[J]. 软科学,2018,32(05):18-23.

[104] 万凌霄,蔡海龙. 合作社参与对农户测土配方施肥技术采纳影响研究——基于标准化生产视角[J]. 农业技术经济,2021(03):63-77.

[105] 汪熙琮,等. 资本禀赋对农户稻虾共养技术采纳规模的影响研究——基于技术感知的中介作用[J]. 四川农业大学学报,2022,40(01):130-136.

[106] 王常伟,顾海英. 市场 VS 政府,什么力量影响了我国菜农农药用量的选择?[J]. 管理世界,2013(11):50-66+187-188.

[107] 王恒,易小燕.绿色发展背景下农户施肥及其决策行为研究进展.中国生态农业学报(中英文),2019,27(08):1284-1292.

[108] 王恒. 有机肥替代化肥措施对山东设施菜农施肥行为的影响机制研究[D].北京:中国农业科学院,2020.

[109] 王静. 苹果种植户技术选择行为研究[D].咸阳:西北农林科技大学,2013.

[110] 王舒娟,蔡荣.农户秸秆资源处置行为的经济学分析[J]. 中国人口.资源与环境. 2014(08):162-167.

[111] 王思琪,等. 农户分化对环境友好型技术采纳影响的实证研究——基于554户农户对测土配方施肥技术应用的调研[J]. 中国农业大学学报,2018,23(06):187-196.

[112] 王绪龙,周静. 信息能力、认知与菜农使用农药行为转变——基于山东省菜农数据的实证检验[J]. 农业技术经济,2016(05):22-31.

[113] 王一鸣,等. 有机氮替代部分无机氮对香蕉生产和土壤性状的影响[J]. 土壤,2019,51(05):879-887.

[114] 王则宇. 劳动力结构变化对粮食生产化肥利用效率的影响研究[D].武汉:华中农业大学,2018.

[115] 王志刚.农户参与循环农业行为及绩效评价:理论与实证[D].沈阳:沈阳农业大学,2015.

[116] 王紫艳,等. 有机肥施用对农产品质量安全及土壤环境的影响研究[J]. 农产品质量与安全,2020(04):67-73.

[117] 韦羡侠,等. 基于"三位一体"保护的耕地后备资源与提质改造资源调查评价研究——以广西农垦资源调查为例[J]. 国土与自然资源研究,2020(04):24-28.

[118] 温延臣,等. 商品有机肥替代化肥对作物产量和土壤肥力的影响[J]. 中国农业科学,2018,51(11):2136-2142.

[119] 吴九兴,黄贤金. 农业减量投入、产出水平与农民收入变化[J]. 世界农业,2019(09):30-37.

[120] 吴丽花. 农户购买有机肥的影响因素分析[D].南京:南京农业大学,2010.

[121] 吴雪莲.农户绿色农业技术采纳行为及政策激励研究[D].武汉:华中农业大学,2016.

[122] 肖新成,谢德体.农户对过量施肥危害认知与规避意愿的实证分析——以涪陵榨菜种植为例.西南大学学报(自然科学版),2016,38(07):138-148.

[123] 肖阳. 农业绿色发展背景下我国化肥减量增效研究[D].北京:中国农业科学院,2018.

[124] 徐明岗,等.中国土壤肥力演变[M].二版. 北京:中国农业科学技术出版社, 2015.

[125] 徐志刚,张骏逸,吕开宇. 经营规模、地权期限与跨期农业技术采用——以秸秆直接还田为例[J]. 中国农村经济,2018(03):61-74.

[126] 许朗,刘金金. 农户节水灌溉技术选择行为的影响因素分析——基于山东省蒙阴县的调查数据[J]. 中国农村观察,2013(06):45-51+93.

[127] 薛彩霞,黄玉祥,韩文霆. 政府补贴、采用效果对农户节水灌溉技术持续采用行为的影响研究[J]. 资源科学,2018,40(07):1418-1428.

[128] 荀贤玉，等. 有机肥部分替代化肥对水稻的产量、品质影响试验初报[J]. 科学种养，2017(05)：29-31.

[129] 晏百荣，周应恒，张晓恒. 农业劳动力价格上升对中国苹果生产要素投入结构的影响[J]. 农林经济管理学报，2017，16(05)：563-572.

[130] 杨金麒，朱家梁，路卫民. 谈使用有机肥的成本[J]. 石河子科技，1995(04)：28-29.

[131] 杨乐，等. 新疆绿洲区连续五年施用沼液对农田土壤质量的影响[J]. 中国土壤与肥料，2012(05)：17-21.

[132] 杨唯一，鞠晓峰. 基于博弈模型的农户技术采纳行为分析[J]. 中国软科学，2014(11)：42-49.

[133] 杨泳冰，胡浩，王益文. 农户以商品有机肥替代化肥的行为分析——基于江苏南通市 228 户调查数据[J]. 湖南农业大学学报(社会科学版)，2012，13(06)：1-6+21.

[134] 杨钰蓉，罗小锋. 减量替代政策对农户有机肥替代技术模式采纳的影响——基于湖北省茶叶种植户调查数据的实证分析[J]. 农业技术经济，2018(10)：77-85.

[135] 杨增旭. 农业化肥面源污染治理：技术支持与政策选择[D]. 浙江大学，2012.

[136] 杨志海. 老龄化、社会网络与农户绿色生产技术采纳行为——来自长江流域六省农户数据的验证[J]. 中国农村观察，2018(04)：44-58.

[137] 叶孙红，等. 经营规模、信息技术获取与农户生态生产行为——对不同生产行为及农户类型的差异性分析[J]. 中国农业大学学报，2019，24(03)：173-186.

[138] 应瑞瑶，朱勇. 农业技术培训方式对农户农业化学投入品使用行为的影响——源自实验经济学的证据[J]. 中国农村观察，2015(01)：50-58+83+95.

[139] 尤小文. 农户：一个概念的探讨[J]. 中国农村观察，1999(05)：19+21+53+20+22.

[140] 余威震，等. 内在感知、外部环境与农户有机肥替代技术持续使用行为[J]. 农业技术经济，2019(05)：66-74.

[141] 余威震，等. 绿色认知视角下农户绿色技术采纳意愿与行为悖离研究[J]. 资

源科学,2017,39(08):1573-1583.

[142] 苑甜甜,宗义湘,王俊芹.农户有机质改土技术采纳行为:外部激励与内生驱动[J].农业技术经济,2021(08):92-104.

[143] 岳梦,张露,张俊飚.土地细碎化与农户环境友好型技术采纳决策——以测土配方施肥技术为例[J].长江流域资源与环境,2021,30(08):1957-1968.

[144] 展进涛,陈超.劳动力转移对农户农业技术选择的影响——基于全国农户微观数据的分析[J].中国农村经济,2009(03):75-84.

[145] 张克强,等.国内外畜禽养殖粪肥还田利用研究进展[J].农业环境科学学报,2021,40(11):2472-2481+2591.

[146] 张露,罗必良.中国农业的高质量发展:本质规定与策略选择[J].天津社会科学,2020(05):84-92.

[147] 张瑞娟,高鸣.新技术采纳行为与技术效率差异——基于小农户与种粮大户的比较[J].中国农村经济,2018(05):84-97.

[148] 张淑香,等.我国典型农田长期施肥土壤肥力变化与研究展望[J].植物营养与肥料学报,2015,21(06):1389-1393.

[149] 张藤丽,焉莉,韦大明.基于全国耕地消纳的畜禽粪便特征分布与环境承载力预警分析[J].中国生态农业学报(中英文),2020,28(05):745-755.

[150] 张童朝,等.资本禀赋对农户绿色生产投资意愿的影响——以秸秆还田为例[J].中国人口·资源与环境,2017,27(08):78-89.

[151] 张诩,乔娟.基于种养结合的种植户粪肥支付意愿研究[J].中国农业资源与区划,2019,40(08):177-186.

[152] 赵丹丹,周宏,高富雄.农户分化、技术约束与耕地保护技术选择差异——基于不同约束条件下的农户技术采纳理论分析框架[J].自然资源学报,2020,35(12):2956-2967.

[153] 赵军,等.有机肥替代部分化肥对稻麦轮作系统产量及土壤微生物区系的影响[J].南京农业大学学报,2016,39(04):594-602.

[154] 赵明正,等."零增长"行动背景下中国化肥使用量下降的驱动因素研究——基于LMDI分解和面板回归分析[J].农业技术经济,2019(12):118-130.

[155] 郑利杰,张笑千,王波.化肥有机肥补贴政策演变过程及配套技术初探[J].世界环境,2018(04):30-35.

[156] 郑旭媛,王芳,应瑞瑶.农户禀赋约束、技术属性与农业技术选择偏向——基于不完全要素市场条件下的农户技术采用分析框架[J].中国农村经济,2018(03):105-122.

[157] 郑阳阳.苹果种植户有机肥替代化肥行为的影响因素及效应研究[D].北京:中国农业大学,2020.

[158] 钟太洋,黄贤金,王柏源.非农业就业对农户施用有机肥的影响[J].中国土地科学,2011,25(11):67-73.

[159] 周建华,杨海余,贺正楚.资源节约型与环境友好型技术的农户采纳限定因素分析[J].中国农村观察,2012(02):37-43.

[160] 周洁红.农户蔬菜质量安全控制行为及其影响因素分析——基于浙江省396户菜农的实证分析[J].中国农村经济,2006(11):25-34.

[161] 朱利群,等.有机肥和化肥配施技术农户采纳意愿影响因素分析——基于苏、浙、皖三省农户调查[J].长江流域资源与环境,2018,27(03):671-679.

[162] 朱启荣.城郊农户处理农作物秸秆方式的意愿研究——基于济南市调查数据的实证分析[J].农业经济问题,2008(05):103-109.

[163] 朱月季,周德翼,游良志.非洲农户资源禀赋、内在感知对技术采纳的影响——基于埃塞俄比亚奥罗米亚州的农户调查[J].资源科学,2015,37(08):1629-1638.

[164] 左喆瑜.农户对环境友好型肥料的选择行为研究——以有机肥及控释肥为例[J].农村经济,2015(10):72-77.

[165] Mehlich A. Mehlich 3 soil test extractant: A modification of Mehlich 2 extractant [J]. Communications in Soil Science and Plant Analysis. 1984(12):1409-1416

[166] Abhilash P C, Singh N. Pesticide use and application: an Indian scenario[J]. Journal of Hazardous Materials. 2009, 165(1-3): 1-12.

[167] Ajayi, A. O.; Sinkaiye, T.; Alabi, O. S. Socio-Economic correlates of crop farmers' willingness to be trained in organic fertilizer preparation and utilization: empirical evidence from Oyo State, Nigeria [J]. Moor Journal of Agricultural Research. 2010(11): 108-120.

[168] Antle J M, Pingali P L. Pesticides, productivity, and farmer health, a

Philippine case study[J]. American Journal of Agricultural Economics. 1994, 76(3): 418-430.

[169] Atreya K, Sitaula B K, Johnsen F H. Continuing issues in the limitations of pesticide use in developing countries[J]. Journal of Agricultural and Environmental Ethics. 2010, 24(1):49-62.

[170] Atreya K. Farmers' willingness to pay for community integrated pest management training in Nepal[J]. Agriculture and Human Values. 2007 (24):399-409.

[171] Bai Z H, Ma L, Jin S Q, et al. Nitrogen, Phosphorus, and Potassium Flows through the Manure Management Chain in China[J]. Environmental Science & Technology, 2016, 50(24): 13409-13418.

[172] Berentsen P B M, Tiessink M, Potential effects of accumulating environmental policies on dutch dairy farms[J]. Journal of dairy science, 2003, 86(3):1019-1028.

[173] Birch E, Begg G S, Squire G R. How agro-ecological research helps to address food security issues under new IPM and pesticide reduction policies for global crop production systems[J]. Journal of Experimental Botany. 2011, 62(10):3251-3261.

[174] Blanke A, Rozelle S, Lohmar B, et al. Water saving technology andsaving water in China[J]. Agricultural Water Management. 2007,87(2): 139-150.

[175] Borkhani F R, Fami H S, Rezvanfar A. Application of IPM practices by paddy farmers in Sari county of Mazandaran province, Iran[J]. African Journal of Agricultural Research,2011,6(21): 4884-4892.

[176] Chen, C. W.; Tsai, Y. F. Investigation on the status and willingness of utilization of organic fertilizer in central Taiwan [J]. Bulletin of Taichung District Agricultural Improvement Station. 1993(38): 1-10.

[177] Chouichom, S. Farmers' satisfactions towards organic fertilizer utilization in northeastern Thailand[J]. Agricultural sciences: leading Thailand to world class standards. Proceedings of the 52nd Kasetsart University Annual Conference, 4-7 February 2014, Kasetsart University, Thailand. Vol. 3:

Fisheries, Agricultural Extension and Home Economics. 373-380.

[178] Cooper J, Dobson H. The benefits of pesticides to mankind and the environment[J]. Crop Protection. 2007, 26(9):1337-1348.

[179] Damalas C A, Eleftherohorinos I G. Pesticide exposure, safety issues, and risk assessment indicators [J]. International Journal of Environmental Research and Public Health. 2011, 8(5): 1402-1419.

[180] David P J. Pests and pesticides, risk and risk aversion[J]. Agricultural Economics. 1991,5(4):361-383.

[181] Escalada M M, Heong K L. Communication and implementation of change in crop protection[J]. John Wiley and Sons Ltd,2007, 9(28): 191-207.

[182] Espinosagoded M, Barrrirohurle J, Ruto E. What do farmers want from agri-environmental scheme design? A choice experiment approach[J]. Journal of Agricultural Economics. 2010, 61(2) : 259-273

[183] Feder G, Slade R. The acquisition of information and the adoption of new technology[J]. American Journal of Agricultural Economics. 1984, 66(3) : 312-320.

[184] Feder G, Umali D L. The adoption of agricultural innovations: a review[J]. Technological Forecasting and Social Change. 1993,43(3-4):215-239.

[185] Florence Jacquet, Jean-Pierre Butault, Laurence Guichard. An economic analysis of the possibility of reducing pesticides in French field crops[J]. Ecological Economics. 2011, 70 (9):1638-1648.

[186] Gershon F, Just R E, Ziberman D. Adoption of agricultural innovations in developing countries: a survey[J]. Economic Development and Cultural Change. 1985, 33(2):255-298.

[187] Han H Y, Zhao L G. Farmers' character and behavior of fertilizer application-evidence from a survey of Xinxiang county, Henan province, China[J]. Agricultural Sciences in China, 2009, 8(10):1238-1245.

[188] Hanna Freudenreich, Oliver Muhoff Insurance for Technology Adoption: An Experimental Evaluation of Schemes and Subsidies with Maize Farmers in Mexico[J]. Journal of Agricultural Economics. 2018, 69(1):96-120.

[189] Hartl W, Putz B, Erhart E. Influence of rates and timing of biowaste compost application on rye yield and soil nitrate levels[J]. European Journal of Soil Biology. 2003, 39(3):129-139.

[190] Herrero M, Thornton P K. Livestock and global change: Emerging issues for sustainable food systems. PNAS. 2013, 110: 20878-20881.

[191] Heutel, G. Prospect Theory and Energy Efficiency [J]. Journal of Environmental Economics and Management. 2019, 96: 236-254.

[192] Holden S, Lunduka R. Do fertilizer subsidies crowd out organic manures? The case of Malawi [J]. Agricultural Economics, 2012,43(03):303-314.

[193] Home R, Balmer O, Jahrl I, Stolze M, Pfiffner L. Motivations for implementation of ecological compensation areas on Swiss lowland farms [J]. Journal of Rural Studies, 2014(34): 26-36.

[194] Innes, R. The economics of livestock waste and its regulation[J]. American Journal of Agricultural Economics. 2000,82 (1): 97-117.

[195] Jikun Huang,Scott Rozelle. Technological change: Rediscovering the engine of productivity growth in China's rural economy[J]. Journal of Development Economics. 1996, 49: (2):337-369.

[196] Jin S,Zhang B,Wu B, et al. Decoupling livestock and crop production at the household level in China[J]. Nature Sustainability. 2020(4):48-55.

[197] Just, R. E., and D. Zilberman, The Effects of Agricultural Development Policies on Income Distribution and Technological Change in Agriculture [J]. Journal of Development Economics. 2006, 28(2): 193-216.

[198] Kanchanapibul M., Lacka E., Wang X., et al. An empirical investigation of green purchase behaviour among the young generation[J]. Journal of Cleaner Production, 2014, 66(3):528-536.

[199] Lekasi J. K., Tanner J.C., Kimani S. K., et al. Cattle Manure Quality in Maragua District, Central Kenya: Effect of Management Practices and Development of Simple Methods of Assessment[J]. Agriculture, Ecosystems & Environment 2003,94(3):289-298.

[200] Lichtenberg E,Spear R C,Ziberman D. The economics of reentry regulation

of pesticides[J]. American Journal of Agricultural Economics. 1993,75(4): 946-958.

[201] Liguo Zhang, Xuerong Li, Jiangli Yu, et al. Toward cleaner production: What drives farmers to adopt eco-friendly agricultural production? [J]. Journal of Cleaner Production. 2018(184):550-558.

[202] Lorenzo Cappellari; Stephen P. Jenkins. Multivariate probit regression using simulated maximum likelihood[J]. Stata Journal. 2003,3(3):278-294.

[203] Masayasu Asai, Understanding collaborative partnerships between farmers: The case of manure partnerships in Denmark [D], University of Copenhagen, 2014.

[204] Masayasu Asai, Vibeke Langer, Pia Frederiksen, et al. Jacobsen, Livestock farmer perceptions of successful collaborative arrangements image for manure exchange: A study in Denmark[J], Agricultural Systems. 2013 (128):55-65.

[205] Martey E, Etwire P M, Abdoulaye T. Welfare impacts of climatesmart agriculture in Ghana: Does row planting and droughttolerant maize varieties matter? [J]. Land Use Policy, 2020, 95: 104622.

[206] Mendola M. Agricultural technology adoption and poverty reduction: A propensity-score matching analysis for rural Bangladesh[J]. Food Policy, 2007, 32(3): 372-393.

[207] Mohamed, G., A. Ridier, G. Nguye, and C. Kephaliacos, The Role of Risk Aversion and Labor Constraints in the Adoption of Low Input Practices Supported by the Cap Green Payments in Cash Crop Farms[J], Review of Agricultural and Environmental Studies. 2013, 94(94): 195-219.

[208] Mukherjee I, Arora S. Impact analysis of IPM programs in Basmati rice by estimation of pesticide residues[J]. Agricultural Economics. 2011, 21(2): 307-313.

[209] Nadia Adnan, Shahrina Md Nordin, Zulqarnain bin Abu Bakar. Understanding and facilitating sustainable agricultural practice: A comprehensive analysis of adoption behaviour among Malaysian paddy

farmers[J]. Land Use Policy. 2017(68):372-382.

[210] Nkala P, Mango N, Zikhali P. Conservation agriculture and livelihoods of smallholder farmers in central Mozambique [J]. Journal of Sustainable Agriculture, 2011, 35(7): 757-779.

[211] Nunez J, MeCann L, Determinants of manure application by crop farmers [J]. Journal of Soil and Water Conservation. 2008, 63(5):312-321.

[212] Ohajianya, D. O.; Enwerem, V. A.; Echetama, J. A.; Comparative analysis of organic and inorganic fertilizer use in cassava production in Imo State [J]. International Journal of Agriculture and Rural Development. 2007(9): 30-34.

[213] Pan TeFang; Yeh, L.C.Y. The evaluation of benefits of organic fertilizers application for main citrus in Taiwan [J]. Journal of Agricultural Research of China. 2000, 49(4): 81-88.

[214] Ren F, Zhang X, Liu J, et al. A synthetic analysis of greenhouse gas emissions from manure amended agricultural soils in China[J]. Scientific Reports. 2017, 7(1)8123.

[215] Rogers, E. M.: Diffusion of Innovation[M], 5th ed., New York: Free Press, 2003.

[216] Rosenbaum P R, Rubin D B. The central role of the propensity score in observational studies for causal effects[J]. Biometrika. 1983, 70(1): 41-55.

[217] Rustam R. Effect of integrated pest management farmer field school of farmer' s knowledge, farmers groups' ability, process of adoption and diffusion of IPM in Jember district[J]. Journal of Agricultural Extension and Rural Development. 2010, 2(2):29-35.

[218] Saha A, Love H A, Schwart R. Adoption of emerging technologies under output uncertainty[J]. American Journal of Agricultural Economics. 1994, 76(4):836-846.

[219] Schnitkey, G. D. and M. J. Miranda. The impact of pollution controls on livestock-crop prducers [J]. Journal of Agricultural and Resource Economics. 1993, 18 (1):25-36.

[220] Simeon A. Materechera. Utilization and management practices of animal manure for replenishing soil fertility among small scale crop farmers in semi-arid farming districts of the North West Province, South Africa [J]. Nutrient Cycling in Agroecosystems. 2010,87(3):415-428.

[221] Sradnick A, Murugan R, Oltmanns M, et al. Changes infunctional diversity of the soil microbial community in a heterogeneous sandy soil after long-term fertilization with cattle manure and mineral fertilizer [J]. Applied Soil Ecology. 2013, 63:23-28.

[222] Stein Holden, Rodney Lunduka. Do fertilizer subsidies crowd out organic manures? The case of Malawi[J]. Agricultural Economics. 2012,43 (3): 303-314.

[223] Theodoros Skevas, Spiro E. Stefanou, Alfons Oude Lansink. Can economic incentives encourage actual reductions in pesticide use and environmental spillovers? [J]. Agricultural Economics. 2012 ,43(3):267-276.

[224] Timothy Besley, Anne Case. Modeling Technology Adoption in Developing Countries[J]. The American Economic Review. 1993,83 (2):369-402.

[225] Truelove H B, Carrico A R, Thabrew L. A socio-psychological model for analyzing climate change adaptation: A case study of Sri Lankan paddy farmers[J]. Global Environmental Change. 2015, 31:85-97.

[226] Usman I S, Abdullahi A, Qasimu A I, et al. Farmers perception on organic manure usage among arable crop farmers in Jalingo local government area of Taraba State, Nigeria[J]. Scientific Papers Series - Management, Economic Engineering in Agriculture and Rural Development. 2016, 16:353-359.

[227] Waithaka MM, Thornton PK, Shepherd KD, et al. Factors affecting the use of fertilizers and manure by smallholders: the case of Vihiga, western Kenya[J]. Nutrient Cycling in Agroecosystems. 2007,78(3):211-224.

[228] Wanglin Ma, Alan Renwick, Peng Yuan, Nazmun Ratna. Agricultural cooperative membership and technical efficiency of apple farmers in China: An analysis accounting for selectivity bias [J]. Food Policy. 2018, 81: 122-132.

[229] Weight D, Kelly V. Restoring soil fertility in sub-Saharan Africa: technical and economics issues[J]. Policy Synthesis for USAID. 1998(37):56-68.

[230] Wozniak G D. Joint information acquisition and new technology adoption: late versus early adoption[J]. The Review of Economics and Statistics. 1993, 75(3): 438-445.

[231] Yang X, Ren W, Sun B, et al. Effects of contrasting soil management regimes on total and labile soil organic carbon fractions in aloess soil in China[J]. Geoderma. 2012, 177-178:49-56.

[232] Yee J, Ferguson W. Sample selection model assessing professional scouting programs and pesticide use in cotton production[J]. Agribusiness. 1996, 3 (12) :291-300.

[233] Zhou, Hui; Nanseki, Teruaki; Song, Min. Analysis on Factors Influencing Organic Fertilizer Use in China -A case study on wheat farmers in six eastern provincial-level regions [J]. Journal of Faculty of Agriculture Kyushu University. 2014, 59(1): 215-219.

[234] Zilberman K M. Pesticide use and regulation: making economic sense out of an externality and regulation nightmare[J]. Journal of Agricultural and Resource Economics. 1997, 22(2):321-332.